關中在成功嶺上的
預官訓練

在空軍服役，
官拜中華民國少尉

政大的兄弟會

關中在美國唸書時所住的宿舍

冬天上課去，像不像〇〇七？

關中在宿舍門口

學校的冬景

關中太太在波士頓的冬天雪地

關中和同學玩耍

關中與兩位室友

第一個碩士學位

關中和太太戀愛時

關中與太太在日月潭度蜜月

結婚進入禮堂

幫媽媽慶生

一雙寶貝兒女，女兒雲娣和兒子宇廷

父子情深

母親過世前最快樂的時刻

台北市黨部舉辦當選同志介紹酒會

中國國民黨台灣省委員會
高中（職）校長座談會

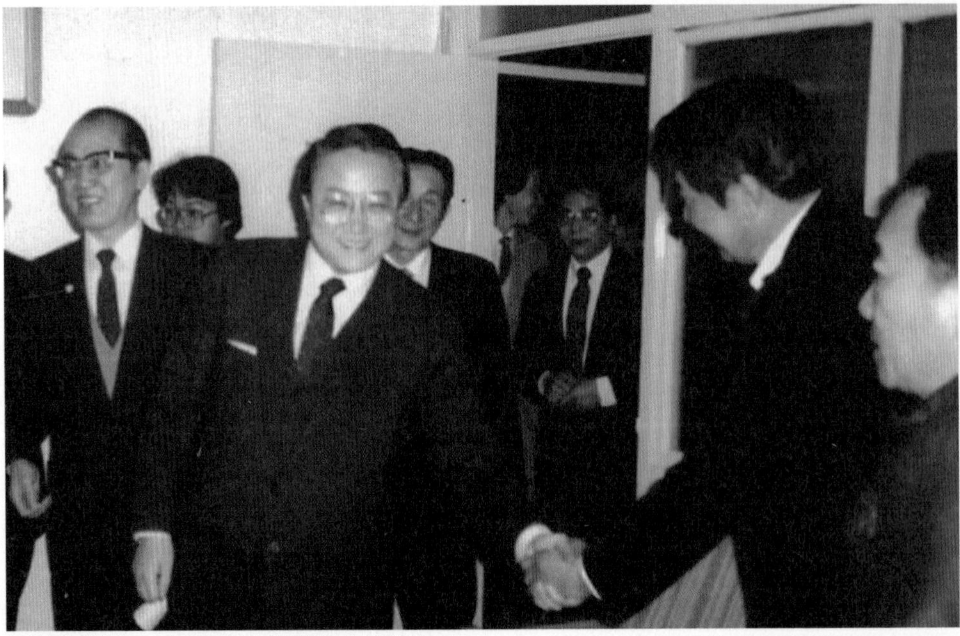

到高雄縣黨部視察（左為縣黨部主委萬定一）

和陳履安、吳伯雄、吳挽瀾從事「政黨外交」（歐洲）

「政黨外交」在南韓

在義大利羅馬等待開會

在南韓首爾的中國國民黨黨部

參加艾森豪基金會會議

艾森豪基金會的導師

To Grace Kuan
With best wishes,
Ronald Reagan
1984年艾森豪基金會，到白宮拜訪雷根（Ronald Reagan）總統

1984年在艾森豪基金會，
關中和同學們與會長前總統福特（Gerald Ford）合影

To Dr. John Kuan
with best wishes,
1991年和老布希
（George Bush）總統合影

李煥參加
民主基金會活動

民主基金會演講

民主基金會座談會

太太出席關中參選立法委員時的造勢活動

參選立委時的選前造勢現場

參選立委時與選民互動

參選立委的活動：「您問，關中答」座談會

參選立委的活動

參選立委時掃街拜票

親切的邱創煥省主席

最愛護我的長官蔣彥士祕書長

與祕書長蔣彥士合影

2000年大選，連誼會聚會上
太太和女兒一起助陣

關中對連戰的提攜很感恩

2003年在青海參觀「青藏鐵路建設工程」，由左依序為：伏和康、劉庸祥、關中、高輝、桂宏誠

為高雄縣前縣長
林淵源祝壽

參加2014年仁川亞運，中間為中華奧會主席（右一陳炯松、右二林鴻道）

永遠依偎在爸爸身上的女兒
（老爸笑得無比開心）

榮獲總統授勳「一等景星勳章」，妻兒與孫女一同到場觀禮。

明天會更好

關中傳奇

關中 口述
張景為 著

關中序

亂雲飛渡仍從容

六年前退休時，一些年輕好友就一直鼓勵我寫一本自傳，他們說我近五十年的公職生涯一定有些值得回憶的片段。我對寫自傳是非常排斥的，我認為吹噓自己的一生不是一件光彩的事，至於說到對國家社會有什麼貢獻，更是天大的笑話。在這個世界上，努力的人很多，有成就的人不多，有貢獻的人是少之又少，依此標準，我只符合一項，很努力、很認真，其他均不具備，所以沒有資格寫自傳或回憶錄。

但一些熱心的好友卻堅持己見，一定要為我留下一些紀錄，經過三、四年的溝通，終於達成一個協議。他們找人以訪問我的方式來談一些我當年在工作上經歷過的一些「節點」。他們認為經由我的口述，可以使大家對一些重大的事情，多一些了解或澄清一些真相，幾經思考，我認為這是一個可行的折衷方案，勉予同意。

本書作者張景為先生，為中國時報早年的政治記者，與我相識已有三十年以上的歷史，對我從政歷程並不陌生，由他執筆，再適當不過。這本書，只有不到一年的訪談，在他沉重的工作壓力下（仍在中時寫社論、專論和短評）抽出寶貴的時間，完成此一訪談，令我感謝和佩服。好友吳春成一手催生此事，這本書應該是他的產品，也可能是戰國策公司的一個新的行業。我要特別感謝時報文化出版企業股份有限公司的董事長兼總經理趙政岷先生，經由上述兩位好友的介紹，他毅然承接了這筆「交易」，但我很替他擔心，賠本不說，還賠上他的盛名。

我不喜歡寫自傳的原因是我一向認為自己是一個十分平凡的人，從小我就「先天不良，後天失調」，長大後憑著一股志氣和毅力，從考試過關斬將，達到進入外交部的志願。但上天眷戀我，又給了我考上國民黨中山獎學金的機會出國深造，並順利拿到學位。我當時的志願便是要做一個盡責負責的好老師，鼓勵學生努力向學、學有專長，為國家培養認真做事的人。

天下的事有時是由不得人的，民國六十六年一月我被國民黨徵召出任青年工作會副主任，時年三十六歲，主任連戰是我的大學長、老大哥，對我一向愛護有加，我連拒絕的機會都沒有，第二天便被押著去上班，從此走上了政治這條不歸路。直到我於一〇三年八月三十一日自考試院退休，總共公職三十七年，加上民國五十二到民國五十三年服兵役，民國五十五年到民國五十六年任職外交部，民國五十八年到民國六十七年任教的年資，已將近五十年。

在這四十多年的政海浮沉中，我擔任過不少的工作，但從頭至尾，沒有一項工作是我主動選擇的，也沒有一件工作是我的專長。我真正的專長是教書，研究的主題是國際關係。但我服從性高，樂在工作，除了認真負責、勇往直前，從不做多想；而我的個性又是勇於開創，大膽極力改革毫不猶豫，義無反顧。我在工作時，從未考慮可做多久，也不會擔心被「拔官」，因為我心中篤定我做的是正確的事，我無私無我、公私分明，即使陰溝裡翻船，我還有退路，回學校教書，或回外交部工作。

我不喜歡寫自傳的另一個原因是我一生都在寫自傳，只是不便公開發表而已。由於唸書養成的習慣，我是有聞必錄，可說手不釋卷、筆不離手，每一個工作我都有充份的紀錄。每當我接下一個新的工作，我就會告訴自己，又要寫新的論文了，工作時間短便是一篇碩士論文，工作時間長可能又是一本博士論文。所以我累積的工作紀錄是十分可觀的，只是太分散、太乏味，不是工作報告就是改革建議，不是選舉策略就是選情分析，還有針對時事、政情的分析和建言，製訂成冊的不知凡幾，但這能算是自傳嗎？

從小我受到兩位偉大讀書人的影響，一是《新人生觀》的羅家倫先生，另一位是《飲冰室文集》的梁啟超先生。看過他們的書，我如痴如狂，立志以他們為榜樣，作為我一生愛國，以書生報國的志業。

從梁啟超先生那裡，我還學到一樣法寶，把讀書當成興趣，甚至嗜好。古人說，三日不讀書，面目可憎；我如今一日不讀、不寫，便覺「痛苦不堪」。我太太常常勸我不要這麼用功，既不需要考聯考，又不需要考高考，為什麼這麼拼命？我說，這完全是我的興趣，人無自己的興趣，生活多乏味呀！

雖然我喜歡唸書、寫文章，但充其量我只是一個書匠，因為我沒有人文素養、沒有文化底蘊、沒有文學基礎，更沒有文學氣質。我看的書只限我的本行「國際關係——中美關係——兩岸關係」，除此已沒有多餘的時間和能力欣賞其他名著。如果說我這一生有什麼遺憾的話，便是未能在學術界發展，否則我或可寫出一些有系統的專書，當年我任教時的大批講義還塵封在不同的書箱中。我開始教一門課時，我就決定要完成這個科目的專書，可惜時間太短，未及完成，便走上了另外的旅程，再回首已時不我與了。這一生唯二可稱得上學術專著的只有兩本，一是由天下出版的我的博士論文《中國命運：一九三七～一九四五年國共談判》，二是商務出版的《意識形態和美國外交政策》，這本書是我在國民黨二〇〇四年再次敗選後，在極度痛苦的心情下，整理過去筆記以一年時間完成的，總算給自己一點安慰，書生報國不成，也只能暫時回到本業了。

我的政治生涯中，黨務工作是我涉入最深、最久的一部分，尤其是經國先生最後十幾年在位時，是我工作上的最有爆發力的時候。但工作太認真，必然會毀譽參半，為了自己的名譽，我還不得不提出告訴，甚至最後以參選立委，來洗刷對我的污衊。這些刻骨銘心的往事，是我始料未及的。

當我以書生報國為一生志業時，便為自己立下「有用、不求、不爭」的座右銘，一生奉行不渝。當我退休之時，也給自己立下「三不政策：不參加公開政治活動、不發表公開言論、不擔任任何職務」，六年來尚無僭越，不過今天之後，三不可能會變成二不。

退休六年來，我最大的享受，就是可以盡情的看書、寫文章，如今我一年至少出兩本書，一是有關美中關係專書的介紹，二是寫給自己女兒的日誌，此外還附帶一本「兩岸隨筆」。不過我的書都是自刊不賣，只送給一些「懂得欣賞」的朋友，我的成本都在我看書、寫文章、出版時得到高度的報酬，興趣也是無價的。

勿忘初心，常懷赤子之心，這是我對自己的期許，直到永遠！

自序
但使龍城飛將在

這幾年來，國民黨會不會一蹶不振，從此被掃出台灣的政治版圖，一直是政壇包括社會上議論不絕的話題；經歷了二〇一八年「韓流」一度掀起的迴光返照，二〇二〇年初民進黨蟬聯完全執政後，這一個百年開國政黨是否再難翻身，更是傳得煞有定論。此時因為偶然的機緣，能夠為「國民黨永遠的戰將」關中撰寫這本非典型的「類回憶錄」，尤其有特別的意義。

為什麼我會這麼說？因為像關老師（他曾歷任諸多黨政要職，也有許多職銜，但我相信這是他最喜歡的一個稱呼）這樣一個愛國民黨愛得如此濃烈真摯，不是把黨當成政治工具、最重要的是還愛得這麼頭腦清楚的人，如今確已十分罕見。出這本書，並沒有選舉或政治目的，也不是為了趕新聞熱潮或爆料，而是希望透過關中的視角，加上與筆者的思辨激盪，呈現出解嚴前後那二十年間一個威權政黨如何面對民主化挑戰，歷經改革轉型、重獲新生又分裂衰敗的教訓，以及為那個時代政壇上重要的人與事，留下有價值的故事、觀點與智慧，讓後繼者玩味反思。

對於五、六十歲以上稍微關心政治的人來說，關中當年堪稱是個響噹噹的人物，但有些較年輕的讀者或許就會問，關中何許人也？其實從世俗的角度看，關中最大的官職就是考試院長，還真是說小不小、說大也大不到哪去；他真正不凡的際遇是在之前出任黨職的選戰表現，使他得以在蔣經國的拔擢重用與大時代的風雲激盪下，成就了個人與國民黨一段難以超越的傳奇。

從一九七七年出任國民黨青工會副主任開始，到二〇一四年從考試院長退休，關中在這三十七年的從政歷程中，真正為人津津樂道、也是最具爆發力與戲劇性的是從青工會到一九九〇年的十四年黨職生涯；這期間他從三十七歲到五十一歲的青壯年齡，一共擔任了五項黨職，其中有三項是國民黨負責選戰最重要的黨職，他都是一路挺進、無役不與，參與見證了台灣與國民黨政治變化最精彩跌宕的風雲歲月。

而最大的特點是，關中的起與落都與蔣經國緊密相關，他是蔣經國逝世前最後十年最重用、最年輕的選戰指揮官，卻也在蔣死後最快遭到冷落排斥，成為政壇絕美又無奈的驚歎號；實在難以想像，如果蔣經國晚走個一、兩年，國民黨可能出現何種全新的氣象！

在那十四年期間，台灣從一黨獨大、以黨領政，威權與民主的糾結轉型，走過了台美斷交、美麗島事件、林宅血案、王昇起落，也經歷了江南案、十信案、民進黨成立、蔣經國逝世、國民黨的政爭與分裂；當然更有經濟的快速發展，政治的解嚴與黨禁報禁的開放，乃至多元社會力的千峰競秀、萬馬奔騰。

那個時代，還沒有網路的躁亂紛擾，兩岸才剛開放，充滿了全新的想像、善意與創意，各種街頭抗爭與社會運動活力四射；那個時代，有著「明天會更好」的期待，也激盪著解構禁忌、打破權威後的希望。在那個時代之前，國民黨打選戰穩贏，在那之後則總是輸，而關中恰好夾在那個時代中間，在民心思變的浪潮中，他必須不斷改革創新，出奇制勝，為國家穩定前進的力量爭取最大的空間。

當年我採訪黨政新聞路線時，已是關老師黨職生涯的末期，那時的他其實並非那麼容易可以接觸到，因此對他的了解自然較止於表象。時隔多年，為寫本書與他做了多次深入訪談，在記錄、消化、查核、補強的過程中，這才發現真正的關中有更多值得探究的地方，也對當年許多的謎團有了新的認識與理解。

直白的說，當年四十多歲，指揮選戰銳不可當的關中，和現在八十歲曾經滄海難為水，看盡政壇煙雲，沈潛內斂的關中，今昔相比，在氣質和心境上已然不同。當年的關中毀譽參半，有人美化他，也有人醜化他，但報紙上每一張畫他的漫畫，幾乎不約而同都把他描繪成一位穿戰袍、騎戰馬(或戰牛)的剽悍戰將。他培養文宣隊伍，開創攻擊性選戰策略，戰功彪炳也爭議纏身，不僅黨內對他又愛又批，黨外對他更是又怕又恨；「怎一個猛字了得」是他唯一的形容，「永遠的戰將」更是他難以取代的形象。

在我訪談的過程中也逐漸發現，關中當年在意氣風發、改革奮進的同時，其實也不斷夾處於角色轉換、兩面作戰，理想與現實調適的矛盾中，這些都是為政者值得省思學習的地方，但很多人與事的「楣角」當年他從來不多提，外界也根本無從得知。

好比他在政策會時做的是與黨外溝通、化解衝突的工作，因此被外界視為開明派，但轉任省市黨部主委與組工會主任時，肩負的是選戰求勝的責任，這時就成了對手口中的鷹派殺手。又如他在推動黨內初選、黨的企業化經營之際，始終要面對黨內傳統保守勢力的掣肘反撲；他在全力推出形象牌候選人時，也要妥協平衡地方派系的需要；當他面臨時代變化，以新觀念和新打法迎接新選戰的同時，情治單位卻在另一個暗黑領域裡自行其是地扯後腿。

如今很難想像，在那個時代，地方派系的分合是如何強烈影響選戰的勝敗，掌握政經資源的國民黨當時雖擁有大多數縣市的派系力量，但派系中人往往派性大於黨性；在越來越艱困的地方政權爭奪戰中，國民黨幾乎是成也派系、敗也派系，更常常受制於派系。每到選戰，有些派系中人表面是國民黨人，卻因對提名不滿或條件談不攏，就會暗中扯後腿甚至暗助對手。對關中來說，一方面既要展現選戰的新風格與新能量，另一方面也必須「撩落去」，和傳統地方政治的人情世故、利益協商打交道。所有的這一切，都可能是蔣經國欣賞且重用他的原因，而他也證明了自己拿捏輕重，巧妙務實的調適。

唐代詩人王昌齡《出塞》詩有云：「秦時明月漢時關，萬里長征人未還；但使龍城飛將在，不教胡馬度陰山」，昔日戰將已遠，今之飛將何在？這首詩既蘊涵慷慨激昂的奮鬥精神，也有懷想前賢英風的慨嘆，引用此詩並不只在懷舊憶往，畢竟人事已非，時空環境和主客觀條件更早已不同，而是要激勵有志者莫忘初衷，有為者亦若是，一起為明天會更好的大我關懷追求前進！

感謝關老師的學生、戰國策公關公司董事長吳春城兄的全力促成與策劃贊助，讓我有幸透過訪談與文字，伴隨關老師一起穿越時光隧道，重溫我個人的許多青春回憶，以及當年國民黨打起選戰有氣也有力的黃金歲月，和那段屬於台灣人共同打拼的光輝時代。

當然更要由衷感謝關老師的信任與尊重，不僅以超強的記憶力提供了最豐富的素材，更願意對當代的許多人與事，表達他最真實負責的看法，給予筆者最大的撰寫空間，才能完成這本生氣勃勃、絕不八股媚俗的書。當然這只是我個人的感覺，讀者的評價才最重要。

從事新聞與筆耕工作多年，這竟是我真正的第一本書，寫作過程中時而振奮昂揚、時而慌亂沮喪，百感交集，唯人自知。如果書中有所疏漏誤謬，文責均由筆者自負，祝福所有永不放棄、持續追夢的朋友們，有志者事竟成！

目次

開場．楔子
明天會更好的前世今生

「輕輕敲醒沉睡的心靈，慢慢張開你的眼睛，看那忙碌的世界是否依然孤獨地轉個不停？春風不解風情，吹動少年的心，讓昨日臉上的淚痕，隨記憶風乾了。抬頭尋找天空的翅膀，候鳥出現牠的影跡，帶來遠處的飢荒無情的戰火依然存在的消息；玉山白雪飄零，燃燒少年的心，使真情溶化成音符，傾訴遙遠的祝福……唱出你的熱情，伸出你雙手，讓我擁抱著你的夢，讓我擁有你真心的面孔。讓我們的笑容，充滿著青春的驕傲，讓我們期待明天會更好。」

當你正讀著這首溫暖勵志，充滿正能量的歌詞時，相信那明亮優美的旋律，一定也在你腦海中迴盪不已，勾起無限回憶；乘著歌聲的翅膀，即使經過了三十五年，《明天會更好》這些熟悉的音符，依舊穿越時空世代，清晰地烙印在許多台灣人的心中。

一九八五年問世的《明天會更好》，這首歌由羅大佑作曲，陳志遠編曲，羅大佑、張大春、許乃勝、李壽全、邱復生、張艾嘉、詹宏志等人作詞，堪稱是華語流行樂壇史上最成功的公益單曲，不僅是空前的里程碑，也可能是絕後的經典，因為後來陸續仿效的各種群星大合唱，無論是規模、創新度、製作，乃至口碑、影響力，都無法相比，幾乎已成絕響。雖然這首神曲大家如此熟悉，但如果爆出背後促成這首歌的內幕緣由，竟然原本是和「選舉」有關，而且也形成了微妙的效果，恐怕知道的人就少了。

一九八四年非洲衣索匹亞發生飢荒，為援助饑民，美國樂壇以稍早英國群星合唱的Do They Know It's Christmas公益單曲為藍本，由流行音樂之王麥可・傑克森發起，邀集四十五位當紅歌星組成USA for Africa，在一九八五年一月推出了由麥可・傑克森和萊諾・李奇共同譜寫的歌曲《天下一家》（We Are The World），專輯版稅捐作賑災用途，迴響極為熱烈，並募得巨款，流風所及，世界各地多有仿效者。

此時遠在太平洋彼岸的台灣，四十五歲的國民黨台灣省黨部主委關中，正為年底的縣市長大選而發愁苦思著。一九八五這一年，對長期執政、內外交逼的國民黨來說，絕對是多災多難的一年，震驚海內外的江南案，才在去年的十月發生，這一年二月，撼動政經結構的十信案跟著爆發；其他包括毒玉米、餿水油、水災、礦災等民生事件的衝擊，一連串的經濟犯罪也在這一年來湊熱鬧，搞得國民黨一個頭十個大，在天怒人怨的絕對頹勢下，面臨年底縣市長選舉的嚴酷挑戰。

不只如此，一九八五年底的縣市長選舉，也是戒嚴時期最後一次的地方大選，這時距離民進黨創黨還有一年、解嚴尚有兩年，在野反對力量蓄勢待發，政治大氛圍是浮躁夾雜著希望，苦悶交織著興奮。這種種訊號，都讓國民黨深切感受「這年底選戰怎麼打啊」的危機意識。

兩年前，關中在國民黨台北市黨部主委任內，一舉創下提名全數當選的「七喜」佳績，兩年後他更上層樓，負責督戰全台二十一個縣市長的選戰，一九八五這一年正值他黨職生涯表現的高峰，也是台灣政治發展的分水嶺。

關中和他的幕僚小組腦力激盪，幾經討論，確立了要帶給民眾希望，足以振奮人心的文宣基調，競選口號就是「要一個更好的明天」，表現手法則是仿效《We Are The World》推動《明天會更好》這首歌曲的計畫。

不料，這首歌竟然驚動了蔣經國總統，而且後來更出現了許多陰錯陽差、意想不到的變化（未完待續。內幕詳情請見一三四頁）。在《明天會更好》的旋律中，時光的帷幕緩緩拉開，鏡頭從一九八五年選戰的喧囂場景，開始穿越，逐漸定格在……

第一章

從東北到台灣，戰火中洗鍊出的熱血漢子

抗戰中出生，最小的政治犯

一九四〇年，烽火席捲中華大地，全面抗戰進入第四個年頭，關中出生在日軍佔領的淪陷區天津市。他的祖籍（老家）是中華民國安東省鳳城縣（今屬大陸遼寧省丹東市），包括中國東北古代少數民族高句麗、北方契丹族建立的遼朝，都曾在此設立州、府、縣治。父系為滿族正白旗人，其「關」姓為滿族八大姓「瓜爾佳氏」的漢姓之一，母親是河北省東光縣人，所以他有二分之一的滿人血統。

關中是家中長子，也是唯一的男丁，另外還有五位妹妹。父親關大成在抗戰期間即在淪陷區從事國民黨抗日地下黨務工作，抗戰勝利後回到東北老家，相繼當選制憲國大代表、行憲後第一屆立法委員。一九三一年九一八事變爆發，對東北青年的影響很大，很多人因此從關外進入關內投考軍校，或是留在當地讀師範學校，從事教育或地下工作，關大成就是典型的熱血愛國青年，在就讀東北大學時就加入了國民黨地下黨務工作。

國民政府遷台早期有很多將軍、中學校長、老師都是東北人，正是在全面抗戰前那時候的背景下所產生，而抗戰勝利後緊接著的國共內戰，國府也是從丟掉東北開始，在大陸淪陷後跟著國民政府一路來到台灣。

「聽我父親講，我們老家從事運輸業，以現在的話來說就是貨運公司吧，家裡擁有幾十部的卡車，走南闖北運送各種貨物，在那個時代可以說是很富裕的。當時我父親在東北大學唸書時，他一個人就可以養活幾十個同學，所以那時候同學們都叫他『關老大』。」後來到了台灣，在立法院裡，同僚們因為關大成豪邁海派、會照顧朋友的個性，也叫他關老大；巧的是，關中擔任黨務工作後，他的僚屬因為其個性風格，私下也會叫他關老大，有些好友還會叫他「二爺」（意指忠肝義膽的關雲長），或許這就是大哥DNA的一脈相傳吧。

關大成當時在大學裡是真正的學生領袖，也是國民黨在東北發展地下黨務工作的核心人物，曾經數次前往南京與重慶，接受上級的表彰和任務指派，手下培養過許多幹部，之後來台的不少東北人士也都受過他的照顧，所謂「關老大」的稱號絕非浪得虛名。

「我父親從東北老家出來後，地下工作便從天津經過瀋陽、長春等地，一路向東北前進，他在天津的時候化身為一個教員，認識了當時還不到二十歲的我母親，後來在天津法租界的馬大夫醫院生下了我……」關中聽母親說，父親交代她帶著剛出生沒多久的關中，先回東北老家，那地方靠鴨綠江邊境的鄉下，很偏僻，應該比較安全，「沒想到日本人抓不到我父親，竟然追到我們老家，把我們一家子老老少少二十多口全抓起來，送到哈爾濱監獄關起來。」就這樣，關中竟成了年紀最小的「政治犯」！

日本人把關中一大家子當成人質扣留，等著想抓關大成，但幸好並沒有虐待他們。還是幾個月大的小嬰兒就「住」到監獄裡，而且從襁褓、牙牙學語到啟蒙、初懂人事，在裡頭一待就是四、五年，直到抗戰勝利才出來，這絕對是極少人會擁有的奇特經歷。

「聽長輩說，我小時候唯一的玩具就是監獄裡那個馬桶，但我一玩馬桶，媽媽會不讓我靠近。」每天監獄裡會有人被架出去，或者被槍斃、或是戴著受刑的手銬腳鐐，發出聲聲哀號，這些後來聽長輩描述的場景，似乎並沒有在幼小的關中腦海裡留下恐怖的記憶，他在獄中始終受到母親細心的呵護照顧。「所以我很佩服我母親，二十歲不到就嫁給我爸、生下了我，為了丈夫歷經這麼多困苦艱難，但是把我們都帶得很好，後來還陸陸續續生了三個妹妹……」

小時候苦嗎？「從坐牢到逃難，是很苦，但我並不覺得苦，因為在媽媽的照顧下，從沒讓我們吃過苦，她是很平凡但很偉大的女性，塑造了我這一生，所以長大以後，到唸書、出社會做事，如果我做什麼事會讓媽媽傷心，不管有再大的誘惑、再多的理由，我都會忍住不做。」關中感念地說。

九一八事變後，整個大東北遭到日本人佔領了很多年，形同被亡國，不僅許多東北愛國青年紛紛從軍救國，小時候關中的志願就是想當空軍，做個勇敢的飛將軍保家衛國。事實上，近代中國空軍就是從東北開始建立發展，最有名的「空軍戰神」高志航，就是遼寧人。在台北近郊新店的碧潭空軍烈士公墓，有座紀念塔，塔身四面分別呈現了高志航、閻海文、沈崇誨、溫鑄強四位空軍烈士殉國場景的浮雕，其中前兩位都是東北人。「我身為東北人，深受這些英雄的感召影響，從小塑造了我的人格心性，而且東北本就是承載國仇家恨的地方……」這使得關中從小就有一股強烈的愛國心！

關大成在抗戰勝利時，已做到老東三省的黑龍江省國民黨部書記長，那時他正當三十多歲的壯年，以其從政資歷與條件，心中原想以後應可擔任自己老家的安東省長，足以回饋鄉里，光耀門楣。不料國共內戰轉劇，東北迅即淪入戰火，隨後更是兵荒馬亂，許多老友故舊都隨國民政府轉進台灣。

當時國民黨在東北各省領導地下抗日工作的有三位知名的領袖級人物，除了關大成，另兩位是羅大愚、王大任，三人後來都擔任過立法委員，名字中間恰巧都有個「大」字，因此並稱「東北三大」；這三人之上還有一位輩分更高的領導人，就是在立法院人稱齊鐵老的齊世英（字鐵生，台大中文系教授、台灣知名文學評論家、《巨流河》一書作者齊邦媛的父親）。齊世英約比關大成大十歲，關大成又比梁肅戎（前立法院長）大十歲左右，當時東北籍俊彥代代傳承，在國會與軍方為數甚廣，可謂人才濟濟，文武兼備。

關中回憶：「我剛出社會做事的時候，發現台灣的東北人還真多，有一段時間，從參謀總長到四個軍種的總司令，包括總長宋長志、陸軍馬安瀾、空軍陳衣凡、海軍劉廣凱、聯勤王多年（也是關中的堂姊夫），全部都是東北人！」

時光飛逝，風雲流變，當年隨父母來台時才九歲的那個東北小娃兒，如今也已成了東北大老，「後來連戰宴請來台的大陸東北參訪團，找我作陪時，都會介紹我是台灣的東北大老，呵呵呵……」關中說得自己都不禁笑了。

國共內戰逃難，驚屍山血海，傷亡國之痛

整個抗戰期間，家人們和關大成都是分開的，等到勝利後，才有機會和父親在東北重逢，但短短一、二年的時間，又因國共內戰開始逃難，關大成跟著中央政府行動，家人們因人口較多而分開走。

抗戰勝利後，關大成分別在遼寧省兩個地方當過領導主管，一在撫順、另是在本溪，時間很短約半年左右，而他志在政府行憲後回故鄉安東選省長。關大成在黨內是當時當權的ＣＣ（Central Club，簡稱CC）派，直屬長官就是陳立夫、果夫兩兄弟，當時抗戰地下黨工、地下工作都是ＣＣ派培養出來的；團派則是陳誠在戰後另外培養的復員人馬。國民黨兩蔣父子深諳此道，講究派系平衡，一定是ＣＣ與非ＣＣ正副並用，彼此牽制，也不會冷落另一派。

說起國共內戰的陳年往事，當時關中不過七、八歲，卻還記得幾個特別深刻的驚險場景，如今回憶起來，極具畫面感和衝擊性：「現在自己帶過兒女和孫女後更了解，你小時候很幸福的事往往不會記住，但特別不尋常的事不會忘記，比方說國共東北談判破裂，林彪部隊開始攻擊國軍，小時候當然不知道，是大了以後才知道這些歷史背景。」

說巧不巧，關中後來在美國攻讀博士學位時，博士論文正是研究國共內戰十次談判的歷史內幕，因此在美國哈佛燕京圖書館、台灣的中央研究院蒐集閱覽了許多解密資料。

那時關中全家正在長春，住在一個獨門獨院的官邸宅院裡，因為當時關大成是抗戰勝利後的接收大員，整個東北黨務都歸他們幾個管，每日忙著商議各種復員重建事宜。「還記得是一個中午時間，那時我應該是六歲吧，正在睡午覺，突然一顆砲彈咻的一聲就打到家裡，把我整個人從床上轟到院子裡；聽家裡的大人說，我一爬起來渾身是血，媽媽嚇得趕緊送我去醫院急救，結果發現是花園裡有個澆花的生銹小水桶，被砲彈炸碎了，碎片噴濺起來嵌到我下巴，縫了十七針……」

「所以小時候我這裡有個疤，現在老了以後慢慢褪掉了。」關中指著自己下巴那條現在不仔細看、還真的發現不了的「疤痕」笑著說：「所以我在念中學時，都笑說我是中國的寇克．道格拉斯！嘿嘿，你說我命大不大？就剛好卡在下巴這裡，如果往下一點就是喉管、馬上要了命，往上一點就是毀容！哈哈哈，我常說奇妙人生，這就是一個幸運的偶然。」

從那以後，關家就開始了逃難的日子，關大成那時已在南京忙著參加制憲會議，一家子老老少少就跟著軍隊撤退，坐著大軍車，有時在下著大雨的暗夜裡趕路，有時行走在崎嶇不平的顛簸路上，有時遇到狀況還要就地掩蔽。有一天下午，車隊開到了東北軍事重鎮四平市（又稱四平街市，當時為中華民國遼北省南方門戶，現劃歸大陸吉林省）。

「哎呀，這個我自己就有深刻記憶了，什麼叫做屍堆如山、血流成河，我可真是親眼目睹了！那時我應該接近七歲了吧？」說到這裡，關中的聲量語調不自覺地高亢起來：「那個小地方，一死就是幾萬人，前一天戰役打過後清理戰場，一堆堆屍體載了就走，消防車水龍頭不停地沖刷地上的血水……最主要是臭，在空中飄散不去……」

「當天晚上供應晚餐時，我們還是被當成高級長官的待遇，有照顧，送上熱包子饅頭、稀飯吃，但我直覺就覺得……會不會是人肉包子？不敢吃……」小關中當時的聯想力還真是夠嗆了，對好幾代都未曾經歷過戰火餘生的我們而言，又能再說什麼呢？

這段四平街會戰的真實歷史，又稱「四戰四平街」，是國共內戰時期在四平街的四次大規模作戰。從一九四六年三月到一九四八年三月，國共雙方在這座當時總人口只有十萬人的城市先後投入兵力四十餘萬，對這一軍事重鎮展開反覆爭奪，共展開四次大戰役，雙方互有勝負。一九四八年三月第四次四平街會戰後，四平街最終被共軍奪取。四戰四平街決定了國共兩黨在東北戰場上的最終結局，進而影響了此後國共兩黨的政治命運。

後來到了北平，住進爺爺置產的四合院，關中開始念小學。從一九四七年到四九年間，可說是不斷撤退，其中一年待在北平，半年待在南京，衡陽和廣州合待了半年，其他零零碎碎時間就在路上。

在北平時，爺爺對長孫關中很疼愛，每天早上都會帶著他出去到大街上散步，關中的回憶之翼彷彿又穿越時空，飛到一九四九年那個古都冬日的清晨：「那一天就剛好看到傅作義的大軍，正要開拔出城去打共匪，大軍行進了整整一上午，我們和圍觀的群眾們就跳啊、鼓掌啊、歡呼啊、那個興奮感動啊！」關中越說越亢奮：「看著那國旗、軍旗齊飄揚，車隊上駕著機槍，隊伍裡有人背著大刀，五花八門，什麼都有，就像我們那個國慶大閱兵一樣。」

興奮之情只維持了一天，沒想到第二天翻開報紙，傅作義竟然投降了！「怎麼會這樣？我哭了好幾天……那時我才七歲就有那感受，從小在日本監獄就碰到亡國之痛，現在怎麼又碰到一次，不到十歲連續碰到兩次亡國之痛，這也太慘了吧……我那個悲憤啊！」這個難以接受的衝擊，直讓小關中哭天喊地，久久不停。

為什麼這麼小就有如此強烈的感受？「我小時牆上照片海報貼著的都是軍方將領，最中間就是老總統蔣中正，旁邊是陳誠，還有一些軍團司令，我最崇拜的就是這些人，每天都要看好幾遍。還有軍隊的報導、畫報、中央日報的地圖週刊、那時每天報紙都是國共戰爭的新聞。」關中從小就愛看報，父親雖然不常在身邊，但大家族裡有一堆大人像叔叔、堂哥們，都會帶著他看。

北平局勢不保後，關中全家便南下南京，待了半年，當時住在最繁華的新街口一棟有院子的房子，唸遊府西街小學，兩岸開放交流後，關中回南京參訪時，這個小學都還在原處。後來轉到更南方的廣州，中間經過衡陽時也待了幾個月，又唸了個小學。像許多傳統的中國父母親一樣，關中的父母非常重視教育，當時兵荒馬亂，雖說有得唸就好，但每到一個新地方，一定要找到學校讓小孩上學，所以關中唸過的小學也就一個換過一個。

「最有意思的是，那時全校就只有一個教室，裡頭有六排桌椅，一個排一個年級。老師在前面上課，師母就在後面炒菜，一邊上著課、一邊炒著菜，讀書聲混合著炒菜香，大家肚子都餓了……哈哈哈！」放學後回到家裡，「我們一大家子浩浩蕩蕩，晚上打麻將一吆喝就是兩桌，叔叔、堂伯、還有爸爸大房的女兒……那個熱鬧啊！」由於爺爺不肯到台灣，他往西南走，其他人則繼續轉往台灣，兵分兩路，在衡陽分手。

在衡陽時也看到驚心動魄的場景，至今印象深刻：「有一天，在衡陽渡江坐渡輪，沒多久，衝上來幾個白帽子憲兵，拿著卡賓槍大聲吆喝著有匪諜、檢查！有幾個年輕人直接從船上跳到水裡，幾個憲兵拿著卡賓槍噠噠噠噠地就往水裡掃射，那江面也不算大，沒多久幾條屍首就浮起來了，把我嚇得真是……」關中的描述非常具有現場感，可見當時情況之緊張：「大人一把抱起我趕緊閃避，很多人都嚇哭了，然後就看到屍體被拖上岸……」大家沒想到國軍兵敗如山倒，局勢惡化崩潰得這麼快，只能跟著局勢走，關大成則在後方遙控全家怎麼走，一路往南方逃難。

到了廣州後，關中還記得是住進了一家鳳凰大酒店，裡頭都是中央民代和其家屬們，過了一段時間後，陸續安排坐上華聯輪到台灣來。「到廣州後就沒唸小學了，那時大人們每天惶惶不可終日，但我卻很快樂，因為在飯店裡可以和同齡的孩子們玩在一塊，中間還經過香港上岸玩了幾天。」畢竟是不到十歲的小孩，不知真正愁為何物，那時家境也還不錯，又有關係人脈，在廣州的日子一切用度吃喝，全有大人頂著，孩子們未曾真正被苦到。「那時街上常會見到從北方被打散了的一些散兵游勇，吃飯付不出錢，我媽媽心腸很好，有時看到了，還會為他們墊付飯錢。」

但剛到台灣時，不斷坐吃山空，情況就不一樣了，關中印象中家裡一直在變賣東西，換取生活費用。「台灣那時物資缺乏，家裡什麼都拿出去賣，照相機、電器、舶來品這些都拿去賣來貼補家用，我最記得的是，家裡原本有很多『袁大頭』銀幣，每隔一段時間就會賣掉變現。」

關中回憶起逃難這一路上，眼見滿街上都在賣民生用品，很多人痲袋中裝著大把鈔票，卻馬上就不值錢了，可見當時金融動盪、貨幣貶值、物價波動的嚴重。到了台灣以後，「我媽媽說，認識你爸後沒過上一天好日子，反攻大陸也回不去了，坐牢、逃難、一直是擔驚受怕……」關中說，齊邦媛比他大十幾歲，《巨流河》書中對大陸淪陷時的動亂與逃難有很多描述，自己可是都親身體驗過。而這段大時代的離亂歲月，現在記得的人已越來越少，實在應該好好記錄下來，留給後人好好追念惕勵。

飛揚的青春，會玩又會考試

到了台灣以後，日子總算漸漸安定下來，但那時全球赤焰滔天，時局風雨飄搖，大家心頭都籠罩著台灣能否守得住的陰影。為了避免人員過度集中萬一有狀況，要維持基本的法統員額，當時還有個疏散政策，中央民代並不全住在台北；東北籍民代很大部分都安排住在台中，如侯庭督、王大任、關大成、羅大愚等都是住台中，還分在好幾個地區，如大河新村、模範西巷等等，關家住在雙十路，裡頭一條小巷子不超過十家，就住了五戶立法委員。

「那時交通工具是腳踏車，媽媽常騎車帶著我們去訪友，有個五廊巷兩邊全是東北中央民代，當時住的是日式房舍，還有院子，環境算不錯，但生活開銷已經開始變得拮据了……」關中回憶說，中國人說有土斯有才，大家跟著政府逃難到台灣，哪怕你當初在老家如何富裕、家當再厚實，如果沒有自己的土地房子，還是無法心安。後來有些東北人在中部的彰化搞了個紡織廠、還有台中被服廠，但有些成功、有些失敗。

在那個戰亂年代，聽著當年這些中央民代們的人生際遇，令我想起白先勇《台北人》創作合集中的《遊園驚夢》這篇小說，特別有種美人遲暮、人生如夢的時代滄桑感，「比起當年許多顛沛流離來台，過得更苦的外省人，這些中央民代們，還真像是一群北方南渡、沒落的貴族啊……」我不禁感嘆道。

「我可以想見我父親那一代他們的心情，年輕時滿腔熱血，為國家、為黨犧牲奮鬥，做了該做的事，好不容易抗戰終於勝利，光復東北後，可以施展抱負做點事了，卻被共產黨起兵內戰給打敗了；一到台灣，又發現自己成了政治上不被重視的力量……」

關中似乎頗能理解他們的感受，如今他也早在政治場域中歷盡滄桑，更有一種理解看透後的體諒。

「因為到台灣後ＣＣ派就全垮了，國民黨把大陸失敗歸咎到陳氏兄弟，陳果夫在台中養病、陳立夫赴美養雞，樹倒猢猻散，這些人沒有了寄託，所以寄情聲色犬馬，整天打牌……我從小發現爸爸不是在家打牌、就是在別家打牌……」

「那時他幾歲？」我問。「剛過四十歲，就開始消沈……後來才慢慢恢復正常，回到台北的立法院開會。」當時立法院有很多次級團體，在台北市如武昌街、許昌街、廈門街等地，各自設立了類似俱樂部的聚會場所，這些從大陸來的立委們在這裡一起餐敘、打梭哈、麻將，而且是日以繼夜地打，喝的是洋酒，抽的煙是鐵桶裝的加力克煙。這些人當年都是雄心壯志、來頭響噹噹，或者各有一片天，但到了台灣卻成了只能聽命於黨的舉手部隊，心裡當然非常苦悶。而再經過幾十年的人事凋零，當年的青壯年已垂垂老矣，又面臨猛烈不堪的國會全面改選逼退風潮，那就又是後話了。

關中小時候身體並不好，時常生病，在台中空軍子弟小學從十歲、四年級唸起，由於小四前都因戰亂逃難，不斷換學校，他自嘲讀書像沾醬油般，底子很差，功課不好，但就是很喜歡看報紙，所以課本以外的時事資訊和常識特別豐富。小學畢業後搬到台北，接著唸新店文山初中，這是一所籃球、游泳、出太保都很有名的初中。

「在我初三那年，發生了我一生中很大的一次驚險，當時如果我去了，我這一生可能就萬劫不復了。」關中不禁回憶起血氣方剛的一段少年往事，當時學校裡號稱有兩大幫派要火拼，一派是學校裡最囂張的一群人，另一派則只有一個人，他從校外轉來，姓劉，父親也是立委、醫生出身的，和關中很投緣。劉學長念高中部，是有武功的練家子，和另一派在校外有恩怨，另一派的頭頭外號叫車夫，兩個人要單挑，雙方約在碧潭上游一塊樹林裡比武，兩邊都叫關中去現場看。

少年仔最講義氣，關中正在為難之際，「劉大哥很夠意思，也讓我很感動，他叫我別去，說這是他個人的事，自己會解決；而且要我放心，他不會吃虧，他是人在江湖身不由己，但我別去，免得毀了大好前程。」關中聽了劉大哥的話忍住沒去現場，後來聽說對方身手也不錯，兩個人打了個平手，第二天校方把劉大哥、車夫和所有去圍觀助陣的學生通通開除，後來這群人有二、三十個因此同時去報考了軍校。

再後來關中考高中時，卻以高分考上台北第一志願的建國中學。「不是說功課不好嗎？」我問。

「但是我很會考試啊，我數理始終不好，靠國文、英文、史地拿高分，而且以後都是以第一志願考上政大、出國留學。」關中說自己基本上是個中規中矩、雖然有點貪玩、但卻不會學壞的學生，上了大學以後更是力爭上游，不敢鬆懈。他笑稱自己的數學一輩子沒考過及格，到建中後乾脆放棄數理；建中以數理見長，高三有十四個班，十一個班是數理甲組、丙組兩班、乙組文科只有一班。當時他建中的同班同學有余雪明（前大法官）、盧修一（前民進黨立委）等人。

關中說媽媽很愛面子，如果考不上會讓她很傷心，家裡如果出了什麼不光彩的事……像爸爸偷跑去香港不告而別，她覺得很丟人，整整一年都不願出門，有什麼事都托他去辦，就是不會出門；所以從小到大他一直謹記，自己做什麼一定不能讓她丟臉。「我媽媽手很巧，做飯、做衣服都很好，典型的賢妻良母。」

所以媽媽的脾氣好不好呢？「小時候她或許脾氣不太好，打我會很兇，像小時候我喜歡學我爺爺拄著拐杖，一扭一扭地走路，媽媽會氣得打我，那時候管教比較嚴，後來就越老越慈祥了，哈哈哈！」似乎天下的媽媽都是一樣的，關中談起兒時與學生時代的成長經歷，眼前八十歲的老人彷彿又回到調皮無憂的童年時光裡。

關中從小立志想當空軍，卻來不及唸廣州市株州空軍幼校就到台灣來了，透過報紙，小學時他對抗戰的空軍烈士、名將張自忠、關麟徵、戰史如台兒莊大捷都如數家珍，初中以後他開始迷上美軍，當時最愛看中央日報的《地圖週刊》，常常在班上對同學講述韓戰美軍的最新戰況。

因為愛看小說、而且像很多人幼時一樣，躲在被窩裡看，初二就得了近視眼，這下離想當飛行員就更遠了。喜歡看什麼樣的小說呢？「我從小只看偵探小說，這對我有幫助、有助分析問題，我不看武俠小說，那個都是不切實際幻想的；偵探小說我們那時有『藍皮書』如《福爾摩斯》。我還愛看《飲冰室全集》、《新人生觀》、《古文觀止》、歷史人物傳記、勵志的書，文天祥、岳飛，都是我從小心目中的英雄。」

飛將軍既然作不成，有一次關中看到「大丈夫生不為將，得為使」這句話，簡直是醍醐灌頂一下子想通了，「不當軍人，可為使節，我又不愛數理，所以立志要考外交系，大學聯考我只填了七個志願，不填台大，政大外交系就是我的第一志願，我也是以第一志願考上政大外交系，從小我對我喜歡什麼、能作什麼，很清楚也從不迷惘！」

高中關中讀了四年，因為高二時得了肺病，休學了一年，那時肺結核在台灣還是很流行的傳染病，有次學校定期檢查，班上同學有二十七個人被通知染病，其他同學都沒去治療，「我父親一定要我休學治到好，否則一輩子對身體不好，很感謝我父親當時的堅持。」那時已有特效藥，每天要打針吃藥，半年完全鈣化就好了。足足休息了一年，前半年很痛苦，後半年就舒服多了，但也因此看了很多書，這無疑是意外的收穫。治好後繼續回去建中，所以高中多讀了一年，大學畢業是二十三歲。

談起在建中、政大的時光，「我過得很快樂，除了唸書，年輕人的熱情幻想、吃喝玩樂，一樣也沒少，而且我一生在不同的地方始終有一批好朋友、好哥兒們一起相伴，這是人生最快慰的事！」念建中時，關中就像那個時代許多自以為「拉風」的高中生一樣，折起大盤帽、在皮鞋和皮帶上釘上亮亮的圖釘，還被教官要求拆下來。他說自己的體會是，越爛的學校管得越嚴，越好的學校管得越鬆，「建中學風自由，我在建中幾乎沒人管，上午我們幾個同學在體育館打球，教官來問，就說是校隊練球不用上課，哈哈哈……建中附近的牯嶺街、泉州街、南海路附近的小吃很多，中午沒帶便當時，我常請同學吃飯，蛋包飯、日本料理那時候我們就開始吃了。」好一番青春好光景，關中越說越帶勁兒：「吃完飯抹抹嘴，經過植物園到北一女晃晃、瞅瞅，其實我們那時膽子小，也只是在校外虛晃一招，然後去西門町的萬國、大世界看電影，後來我們也會去坐坐咖啡館、大學時打撞球、開舞會，這些都不在話下。」

後來考大學時關中也考得很好，但很多平常跟他玩的人都落榜了，朋友們都很生氣，說他很陰險，玩也跟大家玩，結果考試又考那麼好，一定是偷偷回家唸書。「我說玩歸玩，書照唸，你累我也累，代表我身體比較好，哈哈哈！」關中這話還真令別人為之氣結，也足見他感性與理性兼具，玩時放得開，正事絕對認真的個性。

進了政大外交系以後，好交朋友的關中不改本色，在班上有三、四個死黨和他同進同出，大二開始時，更和一些包括別系志同道合的好友結拜組成十一兄弟會，結拜時還歃血為盟，取名為「志會」，亦即十、一、心三者合為「志」之意。按年齡排，關中名列老五，還有林登飛（老三、台灣中影前總經理）、李在方（外交部前駐韓代表）、唐屹（老六，前政大邊政研究所所長）等人。其中有幾個很熱衷政治和黨務活動，在校即參選區黨部常委、三民主義協會總幹事，很會交際，尤其李、林二人最熱衷拉人入黨，每次碰上黨內選舉，一眾兄弟們都會幫忙拉票。

令人意外的是，關中那時卻對參與政治或黨務活動並無興趣，「那時我毫不熱衷，也不參加，我吃喝玩樂都來不及了，哪有時間搞這個……」所以後來他從事黨務工作，還真跌破政大當時那些朋友的眼鏡。關中在大一時才在好友的力邀下加入國民黨，在政大時就和就讀政治系的許信良蠻熟的，許信良當時在校園內參與選舉關中都幫過。至於低他兩屆也是外交系的宋楚瑜，關中說他完全不認識，在在學校也很少看到他。

組成了志會以後，關中說那個年紀認為義氣比什麼都重要，「那時我們自認政大是我們的，要選什麼舉、要幹什麼事、甚至要打什麼架，都是我們說了算，要打誰就打誰，有時打人、當然有時也被打……」關中說得儼然像是水滸好漢聚義梁山一般，「我們不欺負人，但也沒人敢惹我們，走到哪裡都是一群人前呼後擁，大學時打過幾次架很有名，我都是身先士卒。」但關中強調，他們當時從不為自己的事打架，因為「媽媽教育我打架就是不對，如果小時候在外跟人打架，回家一定先打我一頓，再聽理由，所以我很怕讓媽媽知道我在外打架，怕被人說沒家教。」這段聽起來很「炸鍋」的敘述毫不矯情，出自一流名校、擁有美國博士學位的黨國大老關中，暢談他年輕少壯時如此快意恩仇、熱血昂揚，又以母親為尊的成長經歷，顯得特別有意思。

關中說，他對喜歡、有興趣的功課會唸得很好，如政大外交系是他的主科，因此國際公法、國際政治、條約論、外交史這些科目，他都很認真地研讀；有些則是跟授課老師有關係，好的老師會讓他讀得特別起勁兒，但有些老師不認真、打混亂教，則最讓他痛恨看不起。

赴美深造眼界大開，外交官、學者與愛情故事

四年大學讓關中擺脫了中小學因數學不好所造成的自卑與難堪，得意自由之餘，四年大學真正成了「由你玩四年」（university），畢業那天走在校園中作最後的巡禮時，他突然覺得懊惱和悔恨，內心自責地問，怎麼大學四年就這麼過去了？

隨之而來的是一年的服兵役，關中當的是憲兵預官，在部隊裡他接觸到大陸來台的老兵們，了解他們流離艱苦的際遇，也見到了一些台灣充員兵不知天高地厚，只想打混的態度，這使他更覺得應該好好把握機會，發憤圖強，為自己的未來開創一條成功之路，這一年他在軍中不但生活步上正軌，連身體也變得強壯了。

預官退役後，關中在家閉關一年苦讀，對於考試拿高分的竅門，除了努力，他在方法上也有相當的自信，「我真是下了十足的工夫、考古題蒐集得多又完整，把歷年來所有考過的題目都反覆做了好幾遍，自覺天下不可能有比我寫得更好的了！而且我是夜貓子型，一到晚上，一目十行、過目不忘，從晚上八點坐下去讀到第二天早上八點鐘，一氣呵成，不眠不休，興致盎然。」八點天亮後，關中再到院子裡拿中央日報、英文中國郵報看新聞，先把兩報的社論大聲唸一遍，回去睡覺兩小時，起來再看書，他一點也不覺得累，「因為我已經立定志向要當外交官，就非考上不可！」

這一年心無旁騖、日以繼夜的苦讀，果然使關中在隨後的一年裡連中三元，他先考

上台大政治研究所，三個月後再考上外交特考，此時關中終於一償夙願，進入了夢寐以求的外交部工作，在國際組織司擔任科員，當時的科長是房金炎（後任駐尼加拉瓜大使、外交部次長）。在外交部工作期間，關中受到了長官嚴格的訓練與器重，而他後來又考上中山獎學金得以到美國名校讀書，更是徹底改變了他的一生。一年半後關中離開外交部，從此沒再重回過外交體系，也結束了他短暫的外交官生涯。

「在我因中山獎學金出國之前，我唸書包括準備外交特考，都是困而學之，有一個強大的目的來驅動我，完全是逼到不得已而力求突圍，真的是不成功便成仁；我到美國以後，才真正感覺到唸書是這麼一件快樂的事，在寫報告時發覺問題、蒐集資料、思考寫作，能得到老師的稱讚，那種快樂難以形容。更令我驚奇的是，原來我對唸書有這麼大的興趣和潛力，而且有獎學金給我出學費和生活費，自己只要負責一件事，就是好好唸書，這是多麼大的享受！」關中說，國民黨中山獎學金在當時來講條件非常好，一是學費實報實銷，二是每個月有兩百美金的生活費，在一九六七年對當時的學生實在太好了，所以他在美國沒打過一天工。

關中就讀的是美國塔夫茨大學（Tufts University）佛萊契爾法律與外交學院，位於美國學術重鎮波士頓，是僅次於哈佛大學和麻省理工學院的波士頓五大名校之一，著名的佛萊契爾學院更是美國研究國際關係的頂尖名校，學生還可以到哈佛選課及使用設備，關中第二次去美國撰寫博士論文，就是在哈佛大學圖書館完成的。

當年剛到佛萊契爾時，他的教授曾用英文向別人介紹關中是「來自KMT political university」（調侃之語，國立政治大學英語譯名應是：National Chengchi University，簡稱NCCU），關中聽了當然很不是滋味，「美國自由派對國民黨有一定的成見，那時我們去美國唸書，作為台灣受教育長大的人，我們心理上的確有段時間很難以適應……」關中雖然很不服氣，「但他們美國人的邏輯就是，國民黨為什麼在抗戰勝利後四年就丟掉大陸，因為國民黨失去民心、在抗戰時沒有照顧農民，失掉知識分子的支持，再加上後來的腐化……」「這說的也並沒錯啊。」我回他。「但他們也把共產黨說得太美化了，什麼民族主義者、土地改革者、跟民眾站在一起……我們就跟他們辯，但用英文又辯不過……」

除了政治上的爭辯，關中說他很喜歡美國研究所裡的氣氛，因為學生的氣質都很好，「美國學生到研究所去唸書有兩種人，一種是真正來唸書的，那真是天才又用功。另一種是家庭環境非常好的，開著勞斯萊斯，到了週末就是開party的公子哥兒。我們學校非常國際化，專門研究外交實務，純唸書的如我們約只佔三分之一、外國學生佔了一半，像是科威特來的貴族、非洲來的王子、歐洲的富豪公子等等。而美國學生裡有一半是在政府工作的包括軍人、國務院、情報機關、世界銀行等公家出錢派來充電，吸收國際政治經濟知識。」

人與人是靠親身相處而了解的，這位教授原本認為關中是「國民黨的學生」，但關中在上課與寫報告上的努力，又看到週末時別人都出去玩，只有關中在宿舍裡寫論文，逐漸對他刮目相看。兩年的期限很快到了，關中拿到了碩士學位，教授為他安排了去教書的工作，讓他可以留下來寫論文；但關中認為中山獎學金是個契約，期限是兩年，兩年到了就應該先回去台灣，這是個承諾，但保證一定會再回來完成博士論文。老師覺得既訝異又感動，讚賞關中是個有良心的人，因為過去他對外國學生提出這種安排，從來沒人拒絕過。

關中留美深造一共去了兩次，第一次去是一九六七到六九年，第二次是一九七二到七四年，在美國唸書前後四年，一拿到博士學位後第三天就回國了，「因為我一天也不想再留在美國。」

談到留美四年的感觸與「崇洋媚外」的現象，「我那個時代是來來來，來台大、去去去，去美國，很多人都以留在美國為人生最大目標，而且用盡一切手段。我在美國唸書時，有些台灣同學把他們的家族、朋友幾十個人都接來了，他們聚會時都是互問你拿到綠卡了沒？拿到居留、身分證了沒有？每天都在比這比那的。」當關中獎學金兩年期滿要回台時，很多朋友都來勸他不要回去，還說在美國過得多好怎麼的。「通常想留在美國的華人總會先批評台灣如何不好、台灣不民主、這個不好、那個不好，來正當化他們要留在美國的原因。這或許也無可厚非，但當時我堅持要回來，他們講的另一種話，我聽了就很不舒服……」

這些人說：「你一定要先回去也好啦，等有一天台灣如果更民主、更繁榮，變好了一點，我們也會回去的……」關中聽了這番話是又難過又火大，雖然人各有志，他沒有當場發作，但心想：「你是中國人，你是從台灣出來的，國家有難你不回來，等到國家變好了你才要回去，那你把我們當什麼？說得嚴重點，我以你們為恥！」

「後來我發現每個人都會給自己找藉口，justified（合理化）他存在的理由，我從前對留在美國、取得美國籍的人，基本上滿反感的，但我年紀越大，我越淡然，我的同學留在美國的已經死了好幾個囉，所以我心中想，你們終於得償所願，死都死在美國了，一生無怨了，哈哈哈……」關中說在美國除了唸書，叫他多待一天都很痛苦，「第一我認為那不是我的國家，第二那不是我的社會，中國人在美國大部分也還是跟中國人在一起，中國人能跟美國人在一起的很少，除非他因工作或某些特殊原因……到最後，都還是中國人在一起。」

第一次回國後，國民黨海工會安排關中到政大國際關係中心工作，並擔任東亞所講師和助理研究員，所長是吳俊才，由於表現傑出，不到一年就被派任該中心資料組長兼圖書館主任，時年二十九歲，是他人生中的第一個主管職位。三年後，關中以政大講師申請到國科會的獎學金，回到美國完成博士論文，題目是《一九三七～一九四七關鍵十年的國共談判》。

第二次回國後，分別升任政大東亞所副教授、台大政治系副教授，時任台大政治系主任的連戰原本要請關中來台大專任教書，但關中表示自己是以政大講師身分申請出國唸書的，回來後卻到台大，這對政大難以交代；連戰則笑著說：「喔，有這種說法？那還真不容易，多少人想到台大教書打破頭還進不來呢。」於是改成兼兩門課，在關中接下國民黨中央青工會副主任前，他在台大與政大最多同時教七門課，當時他不過三十多歲，「那是我人生最充實忙碌又快樂的一段時期，可惜時間就短短幾年，算是壯志未酬一輩子想書生報國，因為做不成書生、只好就從政了！哈哈哈！」

除了在台大政大擔任教職，關中也在教育家杭立武的大力支持下，創立了「亞洲與世界社」，擔任董事長與總編輯，海外分部則是由丘宏達在美國馬里蘭州立大學出版不定期的專刊，介紹台灣政經現況和兩岸關係的發展。在那段中華民國被迫退出聯合國、外交情勢險惡的歲月裡，亞洲與世界社不斷邀請外國學者到台灣參加研討會，發表對中華民國有利的言論，透過報紙雜誌的宣揚呼籲，還配合外交部，時常邀請美國會議員的助理來台參訪、舉辦座談活動，為台灣的國際地位與台美關係尋求支持、探討對策。在此之前，杭立武創辦中國政治學會，後來交由連戰接任會長，連戰則找關中當他的祕書長，該會也使得關中能持續與學術界保持緊密互動的關係。

因為關中的岳父張國英（陸軍上將、曾任副參謀總長、國防部副部長）、堂姊夫王多年（陸軍上將、曾任聯勤總司令），都是來頭響噹噹的高級將領，我好奇問起關中與太太張惠君的愛情婚姻故事。

「我們兩家都住在新店（新北市），她是我妹妹初中的同學，學生時代我們就認識了，因為她也常來我們家，我大她七歲，但我唸大學時，看她就是個黃毛丫頭，不怎麼樣。等我大學畢業在外交部工作時，有一天坐公路局車到台北上班，我在新店本站上車，她在第二站檳榔路上車，上來一個女孩子，我一看白白淨淨、眉清目秀，咦，那不是張惠君嗎？哎，這個……於是我就跟我妹妹商量……」關中訴說著往日情懷，回憶彷彿就在昨日。

「後來一打聽才知道，她爸和我爸那時都在老蔣總統辦的革實院聯戰班第五期受訓，這一班裡大多是將領和立委，還組成聯誼會，裡頭最有名的人就是蔣緯國。」會唸書的關中也常拿這個聯戰班的獎學金。在鎖定目標後立刻展開行動，關中請妹妹正式介紹，「一問之下，對方的反應也非常好！我們先到碧潭划船，再到台北新聲戲院看電影，從此就開始交往。」關中得意又自信地說：「她對我……這可不是吹牛喔，是存著一種敬佩之心的，哈哈哈！」其實這也難怪，從小到大，關中在那群長輩們的圈子裡，就是出了名的會考試、書唸得好，從建中到政大，還考上特考進入外交部做事，張惠君對他的印象本來就非常好，加上關中用心的追求，兩人的愛情很快就受到大家的祝福與欣羨。

關中考上中山獎學金後前往美國，那時張惠君就讀師大，關中回台後，張惠君畢業，一九七〇年兩人結婚，關中是標準的「三十而立」；第二次再去美國，張惠君就跟著關中去，在哈佛圖書館幫他打論文，「等於我帶了個書僮上路，哈哈哈！」關中開心地笑說。

在回國任教這段期間，關中經常在報紙雜誌發表文章，提出他對國內外重大時事的看法，當時蔣經國擔任行政院長，李煥為其主要助手，身兼組工會、革實院和救國團三大主任於一身，可謂紅極一時；李煥為蔣經國培養年輕幹部，於一九七六年在革實院開辦「國家建設研究班」，第一期二十八位學員號稱「天子門生」，關中就在其中。這是關中進入黨務工作的伏筆，半年後他便被安排出任國民黨中央青工會副主任，走上了人生原先並未想過的從政之路。

老派〇〇七，神祕大氣的海派父親

關中的父親立委關大成雖然知名度不高，在政壇上也沒有顯赫的資歷，但他的特殊經歷、人生哲學，以及與關中的父子情，堪稱傳奇有趣，值得記上一筆。

關大成在一九六五年因為經商失敗，偷渡到香港投靠他的助理李緣，兩人於一九七一年十月於香港登記結婚，並育有二女。這兩位關中同父異母的妹妹，後來與關中時有往來，兄妹三人感情始終維持得不錯。

「那時候我大學剛畢業，父親因為財務、官司問題，在台灣實在是走投無路、待不下去了，所以跑到香港去。走之前他只跟我講，沒跟媽媽講，他說我不走，全家都會毀掉，我走了還有一線希望……」關中當然知道父親那時已經和「一個女的」在一起，「那女的做生意很厲害，我爸爸去香港從頭做起，本來開禮品店，後來又開旅行社，越做越好，還做到做到香港前三名，開始時專作日本客，後來又拓展到東南亞開了很多分店，光是禮品店就有好多家，生意規模做得很大。」

關大成在香港生意做穩之後，慢慢地就常常回到台灣來，而他在立法院尚未全面改選之前，仍然是終身職代表「法統」的老立委。經過這十多年，關中也從學術圈踏入政治界，黨職一路受到重用，陸續被拔擢出任台北市黨部主委、台灣省黨部主委、中央組工會主任等黨務要職。父子兩人當時在黨內必然有所交集，想必父親一定以他為榮吧？

「喔，那是他最得意的時候，我這輩子對我爸最大的貢獻就是讓他在立法院很風光，那時他在立法院，人家都跟他說，你也別叫關大成了，介紹自己的名片上就印『關中之父』好了，哈哈哈！」說到這裡，關中自己也不禁得意起來，如果說「小孝尊親，大孝顯親」，那麼關中的表現可真是給父親掙足了面子！畢竟關大成自己年輕時也從事黨務工作，但一輩子也沒幹上領導級的大主委，他最清楚關中膺任的這幾個黨職有多重要。

可關大成身上似乎總有著一些神祕色彩，連自己兒子也老是摸不透，有很多關於他的傳說言之鑿鑿，卻難以證實。當年關大成常往返港台兩地，那時關中還在政大教書，有一次政大校長劉季洪還當著他面說：「關中啊，你可是個有福之人，你知道你爸爸在香港作什麼嗎？他在幹他的老本行、作情報工作呢！」

關中不可置信地回說：「不會吧，他都這麼大年紀了……」還有一次有人通知關中，關大成在香港被捕了，但過了不久就又沒事了，「後來我問爸爸怎麼回事，他也是支吾其詞、說沒什麼事，只是誤會一場。」

「那令尊的這些事都有沒影響到你？」

「哎，我也不知道，這始終是個謎，他這行業……一生忠黨愛國，赴湯蹈火，香港又是世界情報中心……」對我用「老派〇〇七」、「謎一樣的男人」來形容關大成，作為兒子的關中用既佩服又讚嘆的口吻說：「我父親這輩子作男人實在是了不起，第一、他從事的是最冒險、最神祕的地下工作，第二、他做人大氣，在香港發跡後，只要立法院朋友去找他，吃喝玩樂他一切包辦，臨走時還贈送手錶西裝。」

這種仗義疏財、海派大方的作風，讓人不禁好奇關大成的打扮是否也很有派頭？「哈哈，他後來可是越老越風騷，也許是跟日本高層社會接觸多了，穿西裝都是兩件式的，還戴個禮帽。這輩子大起大落，他常說大丈夫不賺『有數』之錢，賺能數得出來的錢，都不算賺錢！」關中說父親視金錢如糞土，常說自己從年輕唸書時，花起錢來都是大把大把的，「所以現在你們還管我花什麼錢的！」如此豪氣，還真是常人難及！

關大成以兒子為榮，在關中擔任台灣省黨部主委時，曾經笑著問：「兒子啊，這個工作蔣家是不會讓外人做的，他是怎麼會找到你的？」關中說，父親那一輩人的想法跟他不一樣，本來他還想好好唸書、以後在大學教書，但父親說：「教什麼書嘛，作官才重要！」而且那時候黨務工作比在政府工作更神氣，因為實際掌權嘛，那時候以黨領政，也絕想不到國民黨後來會在野。

關大成很疼愛兒子，即使關中已是黨務大主管了，每次選舉開票當晚，他一定會回來陪著兒子看開票。蔣經國是一九八八年一月十三日過世，關中記得很清楚，父親是三個月後的四月二十九日走的，那時他是組工會主任，正在籌備十三全大會，父親走前四天，父子倆還在台北的「都一處」餐廳吃飯。

當天，關中說：「爸爸你今年要過八十了，要辦生日大壽囉！」關大成則很豪邁地說：「八十歲怎麼了？要九十歲才來過生日！」因為家族長輩們都很長壽，關大成的奶奶、爸爸、媽媽都活到九十五歲以上、接近百歲，絕沒想到自己會那麼快走；他不僅常對兒女們說：「你們看我一點都不老。」還每次都笑別人：「你看那個誰看起來那麼老！」關中說他知道爸爸那時都還有女朋友，「這是我同父異母的小妹告訴我的，爸爸實在很有女人緣，哈哈哈……」沒想到四天以後，關大成竟心臟病突發猝逝。

說笑歸說笑，關中還是為媽媽的不幸而深感不平，「媽媽真了不起，氣歸氣，後來爸爸不告而別出走香港，讓我代轉他有不得已的苦衷，我跟媽媽說了以後，媽媽默默聽完，只說了句：『他怎麼可以這樣！』然後大哭一場就睡覺去了，第二天起來，該做什麼照做什麼。媽媽有個本事，不高興就去睡覺，我現在也學會了，一覺解千愁，唉……」

關大成年輕時從事地下工作，出生入死，命懸一線，為了掩護身分，曾在大戶人家做過廚子，所以很會燒菜，也曾化身老師在學校教過書；除了在天津時曾短暫被抓過，受過刑，此後就從未被抓過，後來全家都被漢奸政府抓光了，就是抓不到他。這種人一路走來，人生觀、感情觀也會和一般人不一樣，曾經滄海難為水，千金散盡還復來，年輕時不但家裡有錢，也常從黨中央拿錢回去發放地方作黨務工作，關大成的金錢觀自然也影響了關中。

「從我做黨務工作第一天，我爸爸就告訴我，兒子啊，跟你爸爸學，你做黨務工作只要做到一點就立於不敗之地：記得要手心朝下，永遠給人家錢，不要跟人家要錢，給錢才能讓人做事，有錢條條通大路，跟人要錢就矮了一截、就被人抓到把柄。」關中說，他那時做黨務工作可神氣了，每次選舉完如果贏了，先從父親那裡拿獎金！

「什麼？你爸爸還自己貼錢給你去發獎金？」我嘖嘖稱奇，關中卻理所當然地說：「是啊，兒子選贏了，做爸爸的高興嘛，要犒賞部屬，他還會給我錢呢！」

關中說，父親開的香港名品店裡領帶皮鞋什麼都有，每次爸爸回來都帶著兩個大皮箱，一個是給全家人的，另一個就是送給長子關中的各種好東西，用的、穿的，到現在也用不完。「他就有這個氣概，我媽媽也說佩服我爸爸，她說你爸爸這輩子除了對不起我，沒有對不起任何人，他對朋友真的夠義氣，而且心胸開闊，海派大氣。」

第二章

意外走上從政路，扎根青年與校園

連戰盛情相邀，李煥有心栽培

一九七六年底，蔣中正逝世的隔年年末，國民黨召開第十一屆全國代表大會，一致推舉蔣經國為黨主席，同時也進行了政府和黨的大幅人事改組；外放薩爾瓦多大使的連戰才去了一年，也回台參加全代會，並已被發表將接任國民黨中央青工會主任。有一天，關中接到連戰的電話，說他明天就要回薩爾瓦多辦理交接，處理完後就要回來接青工會主任，約關中在台北國賓飯店談事情。

連戰比關中大四歲，兩人的交情與關係甚早，在三十歲左右的純學者年代就已有深入的來往互動。連戰算是關中台大政研所的大學長，一九六九年關中赴美深造第一次回國當講師，那時連戰已在台大教書擔任政治系主任，由杭立武創立並擔任創會會長的中國政治學會，後來交給連戰繼任會長，便找了關中去當他的祕書長，足見當時連對關的肯定與信任。因為中國政治學會會務活動的關係，關中與台大、政大的不少名教授都很熟，有此背景去擔任青工會副主任，可說是順理成章，因為服務的對象就是大專院校的教授與學生。

關中第二次赴美寫博士論文時，連戰和杭立武也曾為延攬人才、推廣學術交流，去過波士頓兩次，都是關中陪著他們參訪遊歷。「每個人一生交友無數，但誰對你是真好或假好？是利用你、應付你或真正想幫你？你自己心裡應該清楚得很……」對關中來說，連戰不僅是一位提拔他、支持他的長官，也是一位真正的好朋友、好大哥。

連戰當天一見關中就開門見山地說：「我幾天後就會回來，你也在報上看到我要接青工會，所以請你來當副主任幫我忙。」

「可是我對這工作既沒概念、也沒想過要從政，更沒做過……」不等關中說完，連戰馬上又說：「誰做過嘛！我也是第一次做這工作，這就是一種歷練，跟學術界打交道，和我們的專長領域很接近，是我們熟悉的嘛。」

關中稍一遲疑也接著回道：「既然大哥都這樣講了，一句話！但能否讓我晚一點去？」連戰忙問為什麼？關中馬上坦承因為他正在辦理政大東亞所的教授升等，而且他準備已久，應該沒有問題。

「哎，那有什麼問題，我在學術界關係夠，這事包在我身上，將來機會多得很，你放心。現在我先拜託你了，這一兩天李（煥）主任會親自打給你。」

關中明白這是連戰的一番好意，在一陣勸慰鼓勵下，心想應該也沒那麼快吧，結果當天下午李煥就打電話來。李煥是關中的長輩和長官，考上中山獎學金是李煥送他出國留學，回來後又安排他到革實院進入國建班第一期受訓，號稱蔣經國主政後第一班、開班授徒的黃埔一期、天子門生，親挑二十八個人訓練後將分別在黨政、民選等不同體系予以重用。

李煥的口氣就更直接了：「連戰都跟你說過了吧，你就準備去接了，別講那麼多了，是我要你去的。」關中只能說好，第二天早上青工會主祕來找他，說明天就要來上班，而且現在正在籌辦教授春節年會，還有很多事要忙，一定要馬上來。關中提到學校的情況，但主祕回他，他們會跟學校說，關中去黨部上班，照樣可去上課。只不過，政大校方對關中的反應則是：「你到黨裡工作，又佔學校缺，這樣不太好吧。」而這種既要忙於黨務輔選工作，又得維持教學或找人代課的兩難狀態，後來一直困擾著關中，最終使他難以承受爭議，不但沒能一圓升等教授的宿願，更不得不辦理放棄教職，成為他人生的一大憾事。

「所以你去青工會時心裡已有準備了？」我問。

「首先我是黨栽培出來的人，沒有中山獎學金，我怎麼可能唸了博士？第二，我的長官李煥、連戰都是提拔照顧我的人，我這人面矮（東北家鄉話，臉皮薄之意）嘛，也是盛情難卻。第三，我認為這可能是個過渡，連戰如果不做以後，我立刻也就回學校，當時想法就是這麼單純。」可是命運的變化就是如此奇妙，這麼一轉折，關中的人生從此走上了「從政」這條他原來完全沒想過的路。

當時政大校長是後來被李登輝拔擢為副總統的李元簇，那時他才五十歲出頭，精力旺盛，脾氣很大，幾乎是不近人情的嚴厲；當關中向他報告李煥、連戰找他去青工會擔任黨職，李元簇立刻就怒道：「你不能去！他們是什麼東西！我是要你在學校好好發展，你剛從美國回來就要離開，那是學校的損失，你知道我以後要你接國研中心東亞所，對你有很大期望，你離開了，誰能接？」李元簇如此大發脾氣，其實也是因為李煥沒跟他商量過，要挖人也不先打聲招呼。

雖然李元簇不准關中去，但他還是決定先去上班，心想事緩則圓，以後再慢慢解釋吧。幾天後，關中心想李元簇應該氣比較消了，回學校看他，先在校長室等了他半天，然後走出去看見他與一群人正在果夫樓前，關中上前打招呼，不料李元簇竟當著很多人的面說：「你去都去了，還回來幹嘛！走開！」大家都愣住了，也不知道怎麼回事，氣氛弄得十分尷尬。

「因為我到黨部上班，校長竟毫不留情面地當場羞辱我，我們算是結了樑子，以後也互不來往了；後來他出任總統府祕書長、又當了副總統後，我們會在很多場合見面，雖然他會對我客氣地打招呼、問候我太太，但我內心對他很排斥，因為一次做絕了，我就不會回頭。」談起初任黨職工作，就得罪了李元簇，關中至今仍記憶深刻，耿耿於懷，也顯露出他恩怨分明的直率個性。

由於和連戰的默契良好，而且獲得充分的信任與授權，關中做起事來感覺很愉快，另外一位副主任雷飛龍（政大教授）是大關中十幾歲的前輩，也對他很好，在青工會那兩年雖說工作相對單純，但也做了不少事。

兩位副主任各司其職，關中負責組織、文宣工作，組織下有三個知青黨部，經常有很多活動要去，當時上百所的大專院校都跑遍了，不僅讓他與各大學政治理念各異的教授能有進一步的交情和來往，對學生與校園的動態也有了更深入的認識了解。關中不改學者本色，當時便針對新入黨的年輕人對國是的看法、如何看待國民黨、希望黨做什麼樣的改革等問題，規劃了一個大型訪問調查，以此作為黨加強青年工作的依據。這在當時保守封閉的國民黨內可謂新鮮創舉，他還特別推薦了台大楊國樞、黃光國兩位自由派學者來執行。

這項花了半年時間，由兩位無黨籍教授所作，採用新式調查技術所完成的調查報告，公佈後引起了熱烈的迴響，報紙大幅報導，後來主任連戰以此調查與社會反應到中常會報告，也大獲好評。「透過黃光國以心理學的專業設計，發現了很多問題的死角，對實際工作的推展確有很大幫助，調查也發現，國民黨以後到地方辦活動別太注重形式，不要只是單向宣導，太過權威會有反感，應該換成我們去傾聽，要倒過來搞。」關中說，要真正關心大學生們畢業後的前途發展，找一些企業家去學校演講，提早讓學生了解接軌社會實況，幫助他們找到未來的工作方向。這時候的關中雖然還未真正進入黨務工作的核心地帶，但已經逐漸展露他敏於時勢、改革創新的特長。

關中在青工會副主任一職上做了兩年，台灣政治社會分別發生了一些重大的變化。第一年（一九七七）的年末爆發了中壢事件，第二年（一九七八）的年中，蔣經國正式當上了總統，開始他十年的強人領導生涯，直至逝世為止；在這年年末，美國宣布與中華民國斷交，這是國府遷台後最大的外交挫敗，一度造成台灣社會極大的震撼不安，更明顯影響了後續諸多政治發展的變化。

中壢事件，是一九七七年台灣縣市長選舉中，由於國民黨在桃園縣長選舉投票過程中爆發作票爭議，引起中壢市民的憤怒抗爭，群眾包圍桃園縣警察局中壢分局、搗毀並放火燒毀警察局，警方發射催淚瓦斯以及開槍打死青年的事件。中壢事件被認為是台灣民眾第一次自發性的上街頭抗議選舉舞弊，並開啟爾後「街頭運動」的序幕。

經過重新開票，最後因自行參選而被國民黨開除黨籍的許信良，以二十二萬票對十三萬票，勝過國民黨提名的歐憲瑜，高票當選桃園縣長，事件乃漸告平息。該次全台地方選舉，除桃園縣外，國民黨還丟掉了台中市、台南市、高雄縣等共四個縣市。蔣經國在日記中反覆檢討黨為何遭此挫敗，並引為從政以來的最大打擊，以致好幾個晚上不能成眠；由於蔣無法忍受敗選的「奇恥大辱」，日記記載甚至出現「生而受辱不如死而求心安」的念頭。

由於中壢事件的影響，提拔許信良的李煥因此失勢下台，一舉被拔掉黨的組工會、革命實踐研究院、救國團等三大主任要職，蔣經國另一愛將、時任總政治作戰部主任王昇的權力也相應擴大，因此當時有所謂「李換（煥）王升（昇）」之說。

中壢事件帶來的政治影響是全面性的，黨部當然受到很大衝擊，「黨中央那時要我們這些本來不是從事地方黨務的人，也開始接觸地方、參與地方，這些對黨的社會化、本土化都有幫助，當時我被派到台北市兼任督察巡視員，工作範圍就不再只限於學校了。」那時黨祕書長是張寶樹，關中要到一九八一年接任台北市黨部主委才真正執掌選舉事務，「以前只要黨提名即是當選，但從我開始參與黨務工作以來，隨著大環境的變化，國民黨就變得越來越難選了……」關中研究台灣早期政治史認為，其實從一九五〇年台灣實施地方自治開始，第一次選舉當時十六個縣市，國民黨就輸了三分之一有五個縣市之多，這跟國民黨是否高壓獨裁或壟斷無關，與台灣移民性格上有股反抗基因頗有關係。而八〇年代後，政治生態與社會環境更有結構性的大轉變，國民黨在選戰中也就越來越吃力了。

在任青工會副主任的第二年底，美國與中華民國斷交，國民黨當晚立即召開臨時中常會，並進行一連串黨政人事改組以因應變局，隔年才開始，關中就被調往中央政策會出任副祕書長。當時祕書長是趙自齊，副祕書長有四位，關中負責友黨包括黨外的聯繫協調，後來就成為專責的政治溝通；另外三位分別是梁肅戎（立法院）、何宜武（國大）與監察院的王姓監委。

陳履安差點成為蔣經國的副主席，關中力勸勿躁進選總統

從關中踏入黨政界後，比他大三歲的陳履安就是來往密切、亦師亦友的好哥兒們，從陳履安的身上，關中學到了很多，也深刻體認到政壇的冷暖現實、智慧教訓。

陳履安是前副總統陳誠之子，外祖父為前國民政府主席譚延闓，當年他被稱為台灣政壇四大公子之一（另三位為連戰、錢復、沈君山），擁有美國麻省理工學院數學博士學位，妻子也出身名門望族，其資歷橫跨教育、政治、經濟、商業等界，曾任監察院長、國防部長、經濟部長、行政院政務委員兼任國科會主委、臺科大創校校長、明志科大校長，並曾於一九九六年參選台灣第一次的總統直選。

「他是我們這一代外國人所謂的young turks（少壯派）的頭，以他的家世背景，他的確有此資格、也願意當這個頭。」關中形容，後來到國民黨主流、非主流政爭時，「我才體會出他的家世勢力影響力之大，絕對是台灣當時最大的政治勢力，而且不只在軍方……大陸時期陳誠在東北是失敗的，那時遭到很多人的批判攻擊，但老蔣總統保護他，派他來接管台灣，可見老蔣總統對陳誠關係情誼之深。」

一九四九年一月，蔣中正任命陳誠為台灣省政府主席，為蔣撤退來台做準備，在中國大陸情勢逆轉的關鍵時刻，陳誠整編來台部隊、改革幣制、穩定金融、推行土地改革、規劃地方自治，對台灣社會與經濟有深遠影響；國民黨內部稱他是「蔣介石的替身」、「第二號人物」。後來陳誠歷任行政院長、副總統，直至逝世，在台灣老一輩人心目中，讓農民翻身的土地改革三七五減租，等於就是陳誠德政的代名詞，台灣人民對他感恩戴德，認為他是再造台灣的恩人。而在陳誠主政期間，黨政軍士農工商也在他的經營、掌握之下，後來都成為陳履安豐沛的人脈資源。

「上頭可以說一路刻意栽培他，拿到博士學位一回國就到明志工專當校長，那是台塑王永慶家族辦的學校，所以他與王家關係很好，隨時可以跟王永慶見面，而他和台灣其他本土家族關係也極佳。」論起家世，當時政壇所謂四大公子中，掛頭牌的雖是連戰，但政治性最強的是陳履安，而且陳見多識廣，多才多藝，除了公誼公事之外，「我們年輕時吃喝玩樂、喝酒打牌、出國打球等等，他也無所不能，幾乎都是他教出來的。」

「陳履安的家世、閱歷、見識都是我們沒法比的，除了他父親教導他的，包括他父親身邊的重要幕僚跟他接觸也很頻繁，我跟他出國時，在國外如果突然聽到台灣政壇發生什麼新聞，我都會問他……咦，我出國前怎麼都沒聽過這事？這是怎麼回事？」這個時候，陳履安總會氣定神閒地對關中說：「等我們回台後，過兩天我再跟你說。」兩天後，「他都能從背景到幕後，一五一十地跟我說得清清楚楚。」

國府到台灣後，除了老蔣總統之外，台灣最大的政治勢力就是陳誠，當時ＣＣ派已被排除掉，而蔣經國正在崛起壯大中，他有自己的系統，循序漸進，從救國團、退輔會、經建會，到國防部、行政院副院長、院長，逐步建立自己的人馬班底，所以嚴家淦很聰明也看得很明白，到了時候就把總統讓出來。在陳誠過世前，他自然是蔣經國接班的障礙，「所以那時蔣經國永遠在幕後，很少公開出現，在任何場合只要和陳誠在一起，蔣都會退後好幾步，執禮甚恭。」蔣經國從小被送到蘇聯的歷練，讓他深諳政治鬥爭的三昧，即使被視為應該會接班的「太子」，但對與自己父親從大陸到台灣一路打出天下的二把手，仍然非常謹慎小心，因為蔣經國知道如果讓陳誠對他產生戒心，必然會是不利的變數。

陳誠逝世於一九六五年，那時關中才二十五歲，當然不甚清楚當年的情況。後來陳履安曾跟關中說，他父親一過世，第一個到他家弔唁慰問的就是蔣經國，「然後他就不走一直站在門口，低著頭，每個人來致哀，蔣都在旁邊做答禮狀。」陳履安說，蔣經國是在「觀察誰跟我爸爸有關係」。

陳誠過世後，蔣經國幾乎把陳的人馬全部接收，不僅為他所用，而且是重用。「像黃少谷、沈昌煥、軍方大老黃杰、袁守謙等人，原本都是陳誠的部屬，經國先生都收歸麾下，納為己用；他反而把自己人化明為暗，退居二線，隱藏起來。後來這些自己人都跟我講，這是經國先生對我們的提示和教誨，說我們作為其子弟兵，一定要低姿態，要退到第二線，不要強出頭。」關中認為，這些人過了一段時間可能又慢慢起來了，但在新舊交替期間必須沈寂下去，這是很高明的用人之術，不像現在有些人一上來就全換成自己人，這是低估人民的智慧。

「一九九六年時，陳履安為什麼敢出來、非出來選總統？」

「人往往會被勝利、被順境沖昏頭，被虛榮心迷惑……」關中感嘆地說，國民黨一路栽培陳履安，讓他做遍所有重要的黨政要職，但又保護他不受傷害，這是得天獨厚的際遇。例如任命他為組工會主任，但一到選戰前就發布調到國科會主委，以避免他受到選戰責任的影響，後來又調經濟部長、國防部長，再到監察院長；民主國家做過兩個部長就有資格當內閣總理，陳履安做過的何止兩個重要部長，而且他那時人脈資源豐厚，社會形象又好，絕對是天之驕子。

李登輝在當台北市長、台灣省主席時，陳履安在中央黨部當副祕書長和組工會主任，李每次開完中常會後，都會「順道」到陳的辦公室坐半小時「聊聊」，跟他請教一些事，因為李知道他擔任市長、省主席對應的許多人脈，都與陳履安那裡有關係，所以一定會緊緊拉住陳履安這個人，「你看這些人多敏銳！多厲害！」

關中又講了一個「頗為勁爆也絕對真實」的內幕，在蔣經國過世前不久，已擬定在一九八八年的七月將召開黨的十三全會，「當時有人提議增設一個副主席，這個副主席就是陳履安！而且醞釀已經成形，蔣經國都已經同意了，但蔣那時身體真的已經很差，沒多久經國先生遽逝，李登輝繼任，此案也就無疾而終了。」當時的國民黨並未設有副主席，可不像後來那樣設了一大票的副主席。照這麼說，如果當時蔣經國未死、該案也通過，在仍然以黨領政的年代，陳履安不就順理成章成了接班人，也就沒有後來的李登輝了？

「是啊，陳履安也知道他的地位受到器重，因為經國先生身邊元老大臣都是支持陳履安的，他們的主子已不在，但這少主一定要保住，這恐怕是中國政治傳統或倫理使然。」陳履安那時想到自己的年紀，蔣經國過世對他是很大的打擊，一切好像還沒準備好，副主席也沒當成，想到將來不免茫然。「李登輝很厲害，後來讓陳履安去當監察院長，對政壇人物來說，如果你年紀很大了，人生最後一個工作，讓你當個監察院長或像我去當考試院長，那算是福報；如果你年華正盛（陳五十六歲當院長、五十九歲選總統）讓你去當這種院長，那是提前讓你養老，因為那是冷衙門，不是政治的中心。」關中擔任考試院長時則是六十八歲，對他來說已是功成身退，心態十分坦然。

於是陳履安開始「養望」，看起來恬淡釋然，但每天來訪的人是川流不息，台灣政壇的各種人物，從權貴、工商鉅子到地方聞人、社團領袖，陪他下圍棋、打球、泡茶請益的絡繹不絕。「他又做了幾件令輿論好評的事，如把空軍總部對面的官舍交出來，後來成為呂秀蓮的副總統官邸，再把他父親的墓園也捐出來，把他父親在三七五減租土改以及自己的各種善行義舉結合起來，一下子成了聖人，社會形象、媒體風評十分良好。」那時陳履安不僅廣結善緣，而且樂於幫助朋友，關中的好友陳炯松在省黨部副主委下來後一時沒有出路，關一跟陳履安說，陳馬上發表陳炯松為國營會副主委，掌管十大國營企業，非常夠意思。

陳履安當了監察院長後沒幾天，有一天找關中來，直接表明要出來選總統，並用老大的口吻「要求」關中當競選總幹事，好好幫他忙，自信滿滿地說：「我們這個選舉一定會成功的。」那時非主流已分成兩派，陳決定自己出來單幹。

關中剛問道：「履安兄，你怎麼會有這麼大的信心和把握？」陳履安馬上回以：「你不了解這幾年來的變化，我的人氣、人脈甚至包括我的金援，都不是任何人可以想像的。我每天在監察院，每天來看我的人絡繹不絕，都是鼓勵我出來、都是表明要全力支持我的。」

「履安兄，別的事情我或許不敢多講，選舉的事，我的看法是，你的人氣、能力、聲望各方面都好、歷練也沒話講，在我們中生代裡沒有人能超越你。但畢竟台灣現在已進入政黨競爭時代，你自己出來，李登輝會不出來嗎？他出來，有國民黨的力量支持，你跟他競爭，有把握贏他嗎？」關中話音剛落，陳履安立刻回說：「那當然！」

關中耐心地分析給陳履安聽：「我可不這麼認為。第一，當你還沒有出來選時，會有一百個人說我會支持你，他們看好你、讓你高興、捧你、什麼都有。等你一旦宣布參選，而國民黨也提名李登輝參選以後，你這些票立刻會跑掉一半，請問你要以何種身分選？」

「當然是無黨籍啊！」

「你認為現在無黨籍能和國民黨、民進黨抗衡嗎？除非你在國民黨內能取得提名，但我看你現在是要和李登輝決裂對著幹……」

陳履安則不斷強調，因為李登輝這個人已經不可理喻、台獨太明顯了，沒法兒談了。關中接著分析：「一旦選舉開始，如果聲勢沒起來，你的票又會跑掉一半，到了要投票時，人家遙遙領先，選民就算再喜歡你，當你沒希望時，選民也會動搖的；選舉很殘酷，再打個對折就剩下十二％，這就是你最後的票數。」結果後來票開出來，幾乎是被言中，陳王配在四組候選人中敬陪末座，獲得約一百萬票，佔十％。

關中說得情真意切，句句在理，但志得意滿的陳履安就像當頭被澆了冷水，哪裡聽得進去，當場不高興地說：「你講這什麼話嘛，根本是機械數字，我是學數學的，什麼對折再對折，你不知道選舉是靠氣勢、人氣定勝負嗎？」

關中只好說：「你問我意見，我已經講了。」兩人因此不歡而散。後來陳履安參選後情況不妙，又找關中來問該怎麼辦？他後來以苦行僧環島的方式進行訴求，終歸還是無力回天。陳履安一度曾拜託關中向「你那些新黨朋友」傳個話：「我和他們談談，他們這力量應該來幫我，而不是去幫林郝，這是不通的，我的理念與他們才比較接近。林郝是代表過去暮氣沈沈的國民黨，我才能帶來新氣象，真正改變台灣。」

「他的一生毀在那一念之間，如果他聽我的話，以後他還是很有機會的，李登輝不當總統後要交給誰？我認為原本陳履安還是他心中的第一人選。」時隔多年談起這段往事，關中仍止不住地為陳履安惋惜，直指在政治上操之過急，在形勢條件沒有成熟時就貿然出頭，最終因失算而失敗者，一個是陳履安、另一個是宋楚瑜。「光靠天命和志氣是不夠的，面對不可預測的變數，不能只想到最好的發展，也必須先思考可能最壞的結果。」

第三章

黨外運動風起雲湧，蔣經國委以溝通重任

花瓶黨的悲哀，李璜回台反而破功

關中到政策會後，已經隱約感覺到蔣經國有心要栽培他，但總覺得以自己的年紀歷練，難免有點期許過高的壓力。才剛履新職，蔣經國就召見關中說，要他來政策會並不是只叫他去做友黨的協調工作（要到半年後，關中才開始正式做針對黨外的溝通工作），主要是要關中運用所學規劃設計一個黨的革新方案。蔣經國當時指示的意思是，現在中美斷交，就像當年大陸淪陷撤退來台，美國也是先觀望兩岸的變化，再做下一步的部署，所以當大樹倒下後，要先等待塵埃落定，了解損害到底有多大，再去準備因應措施，不要立刻盲動。斷交後，萬一對台灣的衝擊傷害和兩岸關係出現大的變化，國民黨就必須要有所因應，提早有所準備，在結構組織上進行更大的改革。

關中對此指示當然不敢怠忽，也花了不少精力思考規劃，寫了一些建議方案，但半年後情勢逐漸明朗，美國制定台灣關係法、維持對台實質關係，各項做法相繼出爐，台美關係並沒有出現太嚴重的衝擊，於是蔣經國又召見關中說，之前所提的黨改革計畫暫時就不必提了。

「所以我到黨裡工作不僅是理念、理想使然，也始終是以學者自居，希望能為黨規劃改革的方案，經國先生一開始對我的定位也是如此，我對黨的革新進步一直有很強的使命感，原因也在此。」那時關中才三十九歲，他在國民黨內算是初出茅廬尚未大展身手，政策會的另外三位副祕書長也都可以當他的長輩，而蔣經國的權力正如日中天，身體尚無問題（十年後才逝世），可見當時蔣對年輕關中的賞識器重。

當時所謂的「友黨」主要有兩個，分別是青年黨與民社黨，兩黨都參與過中華民國政府的制憲工作，並於一九四九年隨政府遷台，青年黨還曾是中國現代史上僅次於中國國民黨和中國共產黨的第三大政黨。雖然政壇和民間私下都不諱言地稱這兩個小黨為「花瓶」政黨，但當年在大陸上，這兩個黨的領導者如張君勱、李璜、左舜生、陳啟天等人，都是望重士林、名噪一時的風雲人物，可說是學識與能力兼備，尤其青年黨的李左陳三人，在台灣學術圈更是鼎鼎有名。但到了關中任職政策會的一九七九年，兩黨領導人均年事已高，雖已無權力可言，黨內卻仍爭權奪利，不遑多讓。

「青年黨當時還鬧分裂，有好幾個黨部互爭正統，每次我都要分別拜訪，大家還不能搞在一塊。民社黨更妙，沒有主席，但副主席有四位，另外還有三位也在爭取，黨內也都是老大不小的人了，還爭著想當主席，要國民黨出面協調。」關中只好去協調，結果可想而知，當然是都不肯讓。後來有一天蔣經國問他，民社黨的事後來如何了？關中回說都解決了，蔣經國一聽，愣了一下問：「你怎麼弄好的？」

關中笑著說：「報告主席，我把他們四個主席變成七個主席，大家都是主席，就皆大歡喜了！」蔣經國聞言噗嗤一笑說：「還真虧你想得出這主意。」花瓶小黨還爭位子的悲哀，就這麼在關中的妙招下化為喜劇收場。

當時政策會有固定的單位專門跟青年、民社兩黨人員吃飯應酬、聯絡配合，還有定期補助給他們，關中負責其領袖人物，維持熱絡關係。他常前往台北市新生南路巷子裡的一棟日式獨棟房子，探視當時已經八十幾歲的青年黨大老陳啟天；回憶起這段過往，關中說，陳啟天對他說的兩句話，令人印象深刻，對他影響很大。

關中探望陳啟天時對他說：「啟老啊，我們來想想如何幫助貴黨團結，一起為國家做點事吧，我的有些學術界朋友也願意加入你們，讓貴黨不要這樣奄奄一息……」關中說的是一些自由派學者的想法，他們認為不應讓國民黨一黨獨大，如此形象不好，對國民黨也沒好處，所以關中就順勢積極推動此議。陳啟天聽了當場抓住關中的手，用濃重的鄉音一口氣說了八個字：「團結重要、團結最難啊！」

只見陳啟天嘆了口氣，接著說：「搞了一輩子團結，越搞越不團結！我們黨沒有資源，怎麼團結？真要團結，貴黨要大方一點、大氣一點，多多幫助我們，我們很願意幫貴黨多做點事。」關中當然一聽就懂，但當年國民黨一年光是補助青年黨的錢，少說也有一兩千萬的工作費，卻都被當成他們的生活維持費給分掉了。

外界看來，如果這不叫做養、什麼才叫做養？「比起來，他們還算正派，我很同情他們，他們也是菁英，也想要尊嚴；這不是養他們，是扶植他們振作起來。」關中認為，國民黨應可多加運用他們，發揮政黨政治的正面功能，無論是責任和榮譽都可以共同分享。

雖然開始面臨黨外陣營漸趨成長的挑戰壓力，但那時的國民黨仍是一黨獨大，家大業大，在小黨中，當時一般人對青年黨的期望相對較高，因為他們的黨員人數較多、甚至到一九八〇年代還有打著旗號參加選舉的人。「希望他們能當國民黨真正的側翼，而不只是被當花瓶利用，如此既能淡化一黨獨大的形象，也可化解對國民黨不滿的力量，不要因此被推向台獨，讓國民黨外有個良性發展的黨，總比搞個意識形態對立的政黨好。」這當然是關中理想中的在野黨圖像，至於能否構成又另當別論了。

經過和學術圈朋友的腦力激盪，關中心想需找一個人當強心針來刺激青年黨團結，但大家都覺得台灣已無這種有魅力的人物，於是想起在美國的創黨元老李璜，李在大陸淪陷後即前往美國，當時已經八十幾歲了。

關中以學者出身做黨務工作，始終跟學術界關係密切，智囊、顧問大都從此而生，其中很多自由派學者都不是國民黨籍，常來往的包括胡佛、楊國樞、黃越欽、蕭新煌、黃光國、朱堅章等人，後來有些人因為理念分歧轉入支持黨外或民進黨，但彼此仍保持聯繫。透過之前大學雜誌、政治學會的基礎，這群學術界朋友的開會、吃飯也都是他在張羅，而那時除了擁有黨部經費，蔣經國暗中也會經常派人支援他一些「子彈」。

關中到了美國表明來意後，李璜很興奮地表示願意回台灣，笑著說這麼多年沒人找他，待在美國也沒意思，現在能為國家做點事太有意義了。請回台灣後，總統府祕書長馬紀壯、國民黨祕書長蔣彥士，都很禮遇李璜，請他吃飯、向他請益，蔣經國很快地就正式約見李璜，沒想到這一見就壞了！

「哎，這也給了我很大的一個啟示，人的格局太重要了！把你請回來是希望你對國家社會有所作為的，有什麼建言看法可以提出來，你又是如此資深、德高望重的大老；結果李璜見蔣後，先說的卻是他要求資政的頭銜、要有房子、車子……」談完後蔣經國把關中留下來說：「此人的格局不足以做大事，我很失望。」雖然關中對振興青年黨本來就不敢期望太高，但李璜來這麼一下子，等於當場澆了他一頭冷水。

馬紀壯隨後請關中安排陪著李璜環島走了一圈，讓他好好了解一下台灣，走了半個月，參觀了當時正好在推動的十大建設，李璜很有活力地和在地群眾打成一片，也表現出他的熱情和投入，但後來蔣經國已因此冷落了他，這工作也推不下去了。「如果李璜當天見面時不這樣說，一切都會不一樣，但經國先生心都涼了……」關中說，切記跟有權的人不要談權、跟有錢的人不能談錢，人家找你是為國為民做事，你怎麼一開口就要官做、要配房配車，這兩個是大忌！

「有錢的人不是更應該不計較錢嗎？」我問。

「不，有錢的人反而更怕你是只為了錢，怕你騙他、分他的錢……你這等於是把自己定個價碼，好像你是可以買的、可以被賣的。」這正是關中大半生從政的體認。

全方位與黨外溝通，黨外五虎將各有特色

扶植友黨作不成，但更重大的新任務馬上就來了，沒多久，蔣經國召見關中，正式指示他去做黨外的溝通工作。中壢事件後，許信良、張俊宏等人以及黨外編聯會愈加活躍，成立《美麗島》雜誌社不斷批判政府當局，提出改革主張，台灣民主發展激盪猶如火山蓄勢待發，活力四射中也充滿不安的變數。

關中清楚記得蔣經國對他說，「黨外這些領導人物年齡跟你差不多，而且跟你也熟，你可以代表我告訴他們，國民黨從未把他們當成敵人，現在不夠民主，是因為要保台、為了台灣的安全，將來總會慢慢走上民主；他們可以表達意見，但不要觸犯法律，如果觸法，依法辦理會造成大家的裂痕，這樣很不好。」並叮囑關中多與政策會之前負責黨外溝通的副祕書長梁肅戎好好合作，對非國民黨籍的前輩要尊重、多聯繫、多請教。

關中不僅針對黨外動態、輿情分析，每天撰寫一份報告給黨祕書長蔣彥士，從不間斷，而且依照目標計畫，分別成立了幾個工作小組。一是找了六個人成立黨外溝通小組，國民黨是梁肅戎與他，黨外人士是康寧祥、江春男（司馬文武），社會公正人士是吳三連、吳豐山，都是一老一少的搭配，每個月至少一到兩次聚會。蔣經國對吳三連很尊重，凡有大事都會要關中先去報告吳三老，並先徵詢其意見。

二是學術小組，關中把他在學術界的許多學者專家朋友們，盡量都網羅進來請益。

三是青商會小組，以號稱青商會「三劉」的連續三屆會長劉達耀（關中的建中同學、彰化地方鄉紳）、劉炳森（「明天會更好」專案執行人）、劉國昭（前立法院長劉闊才兒子、苗栗望族）為基礎，結合青商會的人脈拓展各種關係。台灣的政治運作，民間團體往往扮演著很重要的角色，特別是四大國際社團：扶輪社、獅子會、同濟會和青商會。青商會是一個很年輕化的社團，裡頭絕大多數都是四十歲以下的青年企業實業家、學者專家、律師等等，四十歲以上就算是元老級成員，而且不分黨派都有，那時像蘇貞昌、姚嘉文都是青商會會員，如今很多民進黨政治人物也都是從青商會出來的。

「青商會朋友幫我吆喝、聯繫資源，他們的影響力和人脈關係真的幫了我很多忙。」關中說，這使得政治出現更多的可能性，在敵我之間都有互通管道，好比選舉時有些事不能直接找當事人，最好是找到他的金主去談最有效，而前提就是搞清楚其金主是誰、要如何說動他，青商會的關係這時就發揮了很大的功能。

遵照蔣經國的指示，關中盡可能地遍訪全台的黨外前輩，像是基隆的林番王、台南的辛文炳、高雄的王天賞、嘉義的張博雅家族等，都是他請益溝通的對象；由於過去國民黨從未做過這樣友善的動作，因為地方黨部都把黨外人士當成敵視的對手，如今見面三分情，關中的創舉，基本上也贏得了相對正面的回應。「做溝通工作要有心理準備，不然會變成兩面挨打，黨外會說你是來分化的，黨內則說你是立場不堅定、幫敵人說話，所以如果都說你好，可能是失敗，都說你不好，反而才成功。」這種工作性質擺明了就是兩面都不討好，尤其關中又是外省籍，黨外人士是否更難接受？關中說那倒還好，學術界、青商會朋友給他的支持幫助很大，尤其青商會這幾個會長就像是他的種子般，關中拜訪地方人士絕不是孤軍奮戰，而是一出去就是一個團隊，「像劉達耀、蘇俊雄、黃越欽、林清文等等這些好朋友，不但他們本人常常陪著來，還介紹當地人給我認識。」

當時學界也有很多朋友幫他，例如政大的老兄弟唐屹，就自告奮勇表示願意去美國摸清楚台獨組織的底，當時陳唐山、蔡同榮等人在美國搞FAPA（台灣人公共事務會）甚為積極活躍，唐屹主動請纓說他要打入其中，研究清楚他們到底搞什麼、以及如何影響美國的運作人脈。於是關中出了一筆錢讓唐屹用暑假期間跑了美國一圈，回來寫了一篇有關「海外異議人士動向背景」的詳細報告，關中將其送給情治單位參考。另外像是理念上很同情黨外的蘇俊雄（台大法律系教授、前大法官），也寫了有關「台灣政治勢力的分析報告」給關中研究參考。這些都說明了，關中當時是用實際的拜訪溝通，加上結合不同政治立場人士所作的分析研究，作為他深入了解黨外並與之互動的根據或調整，而這些新派做法都大大有別於傳統黨工的被動保守作風。

美麗島政團的核心人物是許信良、張俊宏、施明德、姚嘉文、林義雄，號稱黨外五虎將。他們公推的領袖是黃信介，並成立《美麗島》雜誌社，是當時黨外雜誌中言論最激進、批評力最強的指標性刊物。「那時我常跟他們在一起來往，雜誌社黃信介是被架空的，他只是出錢的，他們五個人又分三派，許張是理論派，基本上可以也願意和我談事情；施姚是革命派，主張傾向硬幹，當時對我最不友善。林義雄我很少看到他，他在這五人中顯得最孤獨，很少出現也不太講話，我跟他們打交道時，幾乎從沒看過他。」關中生動地形容起這五個人的風格個性，那時他和美麗島政團的這幾個人，每個月都會相約一起餐敘、喝酒暢聊，台北市中山北路的日本料理店幾乎都被他們吃遍了。

餐敘時大家邊喝邊聊，氣氛毫不拘束，有時既談正事，也會開開玩笑，還會相互調侃一番。這裡頭關中和許信良是政大同屆同學，從學校時就熟，關中還記得，許信良當時出國前大家歡送他，坐在榻榻米上，正當氣氛熱絡之際，許信良喝著清酒，臉上掛著夢想家一貫的自信微笑，用他那略微結巴的語調對著關中嗆說：「老關啊，你們國民黨頭腦要清楚啊，政權沒有永遠的，你看伊朗的巴勒維不是被推翻了嗎？」（巴勒維在一九七九年一月遭推翻下台、流亡並逝世於埃及）

許信良在美麗島事件發生前三個月前往美國，事件發生時他因此不在台灣，外界對此一直有許多不同的議論甚至質疑，「我認為他那時出去是避鋒頭，這個人很聰明，他知道黨外當時走的方向可能會出事，而他當時是頭，如果出事了責任最大。」關中說，當時黨外的階級觀念很深，像他請吃飯時，客人還沒到齊以前，他旁邊的主客位子如果有人先坐下來，張俊宏就會過來拍拍那個人的肩膀，提醒這是留給許的位子。「許信良是實質的領導者，張俊宏是理論大師，當年張在大學雜誌發表一篇《台灣社會力分析》

一舉成名，我認為當時他在民進黨內是比較有思想深度的。」

「你跟誰較好？」

「許信良、張俊宏跟我比較能談，姚嘉文當時最傲慢，但現在他對我較為友善，我們是考試院長的前後任，雖然政治立場不同但彼此尊重，多年下來他也真正了解我了。施明德是個令人佩服的真正革命家，現在也跟我很好，有些大事也會來找我深談。」

關中調任政策會兩年時間，因為政治情勢快速推進演變，可說完全不得空檔，第一年的年底爆發美麗島事件，第二年的年初就是美麗島大審。一九七九下半年以後，美麗島政團即開始在各地方縣市舉辦各種演講、聚會活動，當時跟黨外人士溝通，幸好有黃信介、黃天福兩兄弟會幫他傳話疏通，關中至今仍然非常感念在心。黃信介家裡傳承不少土地，是台北市大同區的土財主，他本名黃金龍，因為崇拜日本前首相岸信介而改名。這對兄弟個性相對溫和厚道，不會咄咄逼人，也不是反對理念鮮明的政治人物，尤其黃信介為人圓融，像是一個笑咪咪的歐吉桑，每次和關中見面後，總是鞠躬哈腰地送他到門口，而且是一送再送。

「從美國與我們斷交後，就像現在民進黨在選舉中『撿到槍』一樣，黨外那時也覺得國民黨岌岌可危、政權快完蛋了，外頭又有伊朗政變這些事，所以他們文鬥搞雜誌，武鬥就開始在地方集會聚眾，準備木棍、石頭、火把，必要時就拿出來用，當時有人都會告訴我黨外有此傾向，會鬧事要注意，這些都有連鎖反應，導致社會風聲鶴唳……」

關中直指當時美國的角色太偏黨外了，好比美國ＡＩＴ政治參事班立德邀餐敘談事情，常有的成員結構是主方三位美國官員，客方是三位國民黨、三位黨外，再加三位「中間偏黨外」的學術界或社會人士，這一算起來，國民黨在其中永遠只佔少數。「我注意到各國的歷史紀錄，任何國家搞反對運動必然要藉助外力，而外力也願意參與鼓勵，目的是藉此掌握情況，如果有天反對黨得勢，就能及早建立關係，如果演變成不可控制，也可了解善後。這是基於其國家利益必然做的，只不過美國做得太過火了、太露骨了！」

「後來我更發現，美麗島事件未能及時阻止，最大原因就是美國的鼓勵！」關中認為，黨外原本擔心他們鬧事的話，國民黨會逮捕他們，但美國告訴黨外說不會，因為剛剛斷交，國民黨會更加依賴美國，而美國不喜歡的事國民黨就不敢做。「美國就是黨外的靠山，美國那時也非常積極地介入美麗島事件，希望讓國民黨民主化、實施多黨政治、認為國民黨壓制台灣在野力量，美國對其他國家也是如此，以扶植反對黨來牽制執政黨。」

在關中看來，當時已是風雨欲來，一觸即發，許信良在下半年的八、九月就已出國赴美，許一走，美麗島政團變成群龍無首，結果被激進派的姚嘉文、施明德帶上了不歸路。所以事件絕非偶發，很多徵兆不斷增強，地方聚會上開始有各種傳言，國民黨中央黨政協調會報上情報大量湧進，情治單位更不斷示警，終於在這一年的年底爆發了美麗島事件。

林宅血案與美麗島事件，善後與協調的幕後

一九七九年前後，蔣經國剛就任總統一年多，國民黨政府面臨空前壓力、內外挑戰接踵而至，一九七八年中（共）美建交、台美斷交，一九七九年一月伊朗國王巴勒維被推翻、該年十月南韓總統朴正熙遭刺殺，而這兩者都是與國民黨長期維持友好密切關係的威權強人。

美麗島事件（或稱高雄事件，當時國民黨主政的蔣經國政府稱此為「高雄暴力事件叛亂案」）是一九七九年十二月十日國際人權日時發生於台灣高雄市的一場重大衝突事件。以美麗島雜誌社成員為核心的黨外運動人士，當天組織群眾進行遊行及演講，訴求民主改革、終結黨禁和戒嚴，結果引爆警民激烈衝突。事件發生後，台灣警備總部大舉逮捕黨外人士，並進行軍事審判，為台灣自二二八事件後規模最大的一場警民衝突事件。

當天關中也南下高雄，依職權所屬，他雖未到現場，而是進駐高雄市黨部的「戰情室」掌握狀況，同時現場也有他的朋友隨時與他保持連絡。爆發激烈衝突後，當晚軍警就開始抓人，施明德連夜逃亡，美麗島主要領導人紛紛遭到逮捕，家屬們驚恐不已，情勢一片混亂。「我的角色就是事前全力防止，不成的話，出事以後就是盡力去安慰照顧家屬，那時他們有的被抓、有的逃亡，周清玉（姚嘉文之妻）、許榮淑（張俊宏之妻）

等家屬們每天來找我，我也去看她們盡量安慰。我作為中間人，這時候既不能數落他們的不是，也不能火上加油刺激她們的情緒，只能不斷安慰家屬說大家一起努力，把傷害降到最低。」事件之後三個月就是審判，此後近半年間，撫慰美麗島家屬們並居中聯繫、提供各項服務這個工作，整個就落在關中一人身上，包括隔年三月美麗島大審期間的旁聽席位，也是由他安排。

事件發生後第二天晚上，蔣經國就在總統府召見府、黨的祕書長、國安局長、調查局長、包括關中等相關人等，討論善後事宜，由國安局長王永澍負責報告，「他們講的事件狀況、所犯罪行、法律制裁等問題，都是非常嚴厲的，經國先生面色凝重地仔細聽著，我可以感覺到他心情之沈重……經國先生聽完後做出了一個重大的指示，他說：『你們好好處理，但我有一個原則希望你們能尊重接受，我不希望有人被判死刑。』」時至今日，重新回看，當時這當然是一個明智的政策決定，但關中認為也正是這個決定，後來讓國民黨付出了很大的代價！

「這個決定讓國民黨背了很大一個黑鍋，反而使涉案人士認為是受委屈了、覺得是上了國民黨的當。其實國民黨當時做了很大的讓步，因為不去依法處置，必須從寬解釋，界定為不是聚眾暴亂，變成破壞公共秩序，這就是不同層次的認定，引用的法條自然也不同，這下子罪刑就大幅下降了。」關中長長地嘆了一口氣，說出國民黨政府當時的考量和用意。

在戒嚴時期，對政治犯最嚴厲處置的法條，就是俗稱「二條一」的《懲治叛亂條例》第二條第一項：「犯刑法第一百條第一項、第一百零一條第一項、第一百零三條第一項、第一百零四條第一項之罪者，處死刑。」絕大多數的政治犯被控的罪名是「違反刑法第一百條第一項」，因此，白色恐怖與刑法第一百條關係密切，當時家屬們奔走求助，只求不判死刑。《懲治叛亂條例》後於一九九一年五月十七日三讀通過廢止，總統府於五月二十二日公告。

美麗島事件的背景、真相和影響，從發生到現在時隔四十年，因為所處角色與角度的差異，至今仍有若干不同的解讀。當年參與者之一呂秀蓮在二〇一七年一項研討會上提出的看法，足可作為另一種詮釋的代表。她認為美麗島事件會發生，是因為國民黨必須為了保衛政權、精心設定的政治陷阱，從前一年的台美斷交到當時總統蔣經國健康狀況不佳，讓底下的人如總政治作戰部主任王昇為了爭寵，因而想把反動份子一網打盡，加上當時黨外人士開始籌組反對黨，才會發生美麗島事件；而公開審判讓媒體不得不如實報導，也讓全民政治意識總覺醒，加速了台灣後來一連串民主改革的進程。

經歷斷交加上美麗島事件的連番衝擊，蔣經國心中的苦悶與壓力可想而知，關中回憶說：「我記得有一次他跟我說，『我們忍於外，是為了忍辱負重，我們忍於內，是為了同胞情感，只有這樣，才能堅忍圖成』。」

從代表國民黨與黨外溝通到眼見悲劇擋不住地爆發，關中當然更是感觸良深，除了要達成自己的角色任務之外，他也把黨外人士當成朋友來溝通，常常不厭其煩地對黨外朋友們坦誠表達國民黨的底線：「在當前的政治體制下從事反對運動有三個原則，一是要區分個人與團體，個人可以講言論自由，但團體是有組織的，你若是一個政治團體的負責人，所發表的主張或聲明，就不是純粹的言論自由。二是區別法律與政治，有些政治性語言如超過法律界限就是違法，你可以批判這個法律不好，但不能指望法治國家犯了法不執行。」關中舉例說，當時黨外最愛罵國民黨「惡法亦法」、「政權不合法」等等，如果像這樣全盤否定就很難談事情了。

至於第三點是區別理想與現實，關中強調追求民主是大家的理想，而「我們這一代人所受的現代教育跟你們沒什麼兩樣」，但民主是從現實中一步步發展出來的；他以著名的政治學者杭廷頓（Samuel Phillips Huntington，當代美國保守派政治學家，以《文明衝突論》聞名於世）理論闡釋，指出當一個威權國家不能維持秩序，又要他發展民主，那就一定會造成混亂。至於黨外人士聽得進這三原則嗎？「聽不進去也要講清楚，但他們每次都嫌我煩，老是說你又來了……」對關中來說，說明國民黨的立場與原則是其職責所在，至於聽不聽、如何做則是黨外人士的選擇，「我的出發點是善意的，如果他們不聽、公然違法，出了大事就難以挽回了。」

美麗島事件發生後三個月開始進行軍法審判，但就在審判前兩個多星期時，竟然發生了震驚社會的林宅血案，無論是在時間或時機上都顯得異常敏感。

林宅血案為一九八〇年二月二十八日發生於台灣省議員、美麗島事件被告林義雄位在台北市住家的一起震驚國內外的兇殺案件。林義雄六十歲的母親游阿妹及七歲雙胞胎女兒林亮均、林亭均被刺殺身亡，九歲長女林奐均受重傷，此案至今仍未偵破，已成懸案。案發後，林家的澳大利亞籍友人家博（Bruce Jacobs）曾被認為涉案，但最終查無實證。

針對林宅血案，民進黨政府設立的促轉會曾於二〇二〇年一月表示，近期調查發現，國安局保管的機密檔案中，存有不曾對外公開的澳洲學者家博在案發當天曾致電林宅，但此關鍵檔案，國安局認為有影響國安之虞，至少在二〇三〇年才能供外界瀏覽。另外促轉會又於該年二月表示，國安局在當年就銷毀錄下重大嫌犯聲音的關鍵錄音帶，導致真相更難以水落石出，各種事證顯示當時的國民黨威權政府，涉及滅證甚至主導犯案的可能不容排除。

關中回憶，該年二二八那天，事前一點徵兆也沒有，此兇案可能是誰幹的？他一直認為澳洲「大鬍子」（當時的外號）家博關係重大，「因為家博對林家的事情參與很多，關係非常不尋常，事前我就跟他打過交道，很多黨外活動他都有參加。」

當天剛好也是國民黨中常會，上午血案被發現，關中第一時間聽到消息後，馬上就跟老長官吳俊才報告林家發生滅門血案，吳俊才嚇壞了，連說怎麼會有這種事？這對黨對國傷害太大了！當天下午，蔣經國立刻找來關中，要他代表自己去探視林義雄，「你告訴他，我們一定秉公辦理，不會因為美麗島事件而有所偏差，而且要盡量想辦法安慰他，表達對這個悲劇最深的悲痛，我們一定盡最大努力，作好後續的撫慰。」

事發後，林義雄和太太方素敏、唯一生還的女兒林奐均，一起待在仁愛醫院一個被嚴密保護的特殊房間內，通過層層的軍警，奉命去探視的關中在門口敲門，房內的林義雄聞聲怒吼：「誰？」「義雄兄，我是關中……」「你來做什麼！我不需要你來！」「我是代表黨來看你的。」

停了一下之後，門才打開，只見方素敏在哭泣著，林義雄雙眼通紅，悲痛至極，抓狂般地痛罵：「這一定是國民黨幹的！」關中沒吭聲也不能反駁，只能盡量安慰他說：「主席交代一定會徹查有個交代。」林反問：「我能相信嗎！」關中的工作已把自己訓練得非常有耐心，不斷好言極盡安慰，強調自己從沒出賣過黨外朋友，一定會盡最大力量協助，而且會把家屬的要求完全轉達上去。

在門內待了一個多小時後出來，看見家博就在現場大吼大叫，非要關中帶他去見蔣經國，現場記者很多，家博動作誇張地叫嚷著說他是林家最好的朋友，「但他到底是什麼角色？我也搞不清楚，以後他就一直找我吵鬧，一口咬定是國民黨幹的。」

關中至今還是想不通為何會發生林宅血案，「林義雄當年是這裡頭最沒有政治色彩、甚至是最不偏激的，也不是美麗島事件的主謀，你可以說他固執，但絕不偏激，所以外界最同情他。」關中說他跟美麗島政團的人打交道，林義雄從沒跟他有任何言語上的交鋒，即使講話也是輕聲細語，連餐敘時都是坐在角落，也不顯眼。關中所描述的當年印象，和後來人們認知林義雄為反核四苦行、力推立委減半而成為民進黨聖人，而且言辭沈穩但卻很嚴厲的形象，顯然頗有不同。

「林義雄、陳文成這兩大懸案，我們憑常識判斷，情治單位也好、國民黨也好，為什麼要做這些事？這樣對國民黨有何好處？陳文成是個學者，儘管思想上反對國民黨，有必要把他從樓上推下來弄死嗎？」關中說，美麗島事件發生時，國民黨和台灣社會已是淒風血雨了，竟還發生林宅血案，雪上加霜，「只有跟國民黨有深仇大恨的人才會這樣搞，就為了讓你百口莫辯……」

美麗島大審群像，建立情治系統協調會報

美麗島軍法大審從一九八〇年三月十八日開始，為期九天，在美國為首的國際壓力下，除國際知名媒體現場報導外，政府更史無前例公開軍事審判過程，允許國內報紙刊載審訊過程與被告陳辭。四月十八日，軍事法庭作出最後判決結果，八人全部有罪，施明德被判無期徒刑，黃信介十四年有期徒刑，其餘張俊宏、姚嘉文、林義雄、陳菊、呂秀蓮、林弘宣等六人十二年有期徒刑，而幫助施明德逃亡者各判二年（如張溫鷹）到七年（如高俊明）。

相關受刑人後來陸續提前假釋，其中施明德先後婉拒蔣經國總統特赦、李登輝總統減刑，一九九〇年五月二十日，李登輝就任中華民國第八任總統，同日簽署美麗島事件的特赦令，美麗島受刑人重獲自由。

審判全程開放讓媒體現場報導，造成舉國轟動，當時在台北景美橋右側邊上的軍法局看守所進行，屋子不大，現已改為人權園區。坐滿全場不過一五〇人左右，要有旁聽證，包括家屬、媒體、社會公正人士和很多學者專家，都是透過關中安排拿到旁聽證。

一九八〇年一月八日，總指揮施明德在逃亡二十六天後於台北市武昌街被捕，透過媒體報導與現場觀審者的描述，他也是美麗島大審中讓所有人印象最深刻的被告，按照關中的形容是「施明德最像個男子漢」。

「被告們分成三種表情，一種是認罪型，我就不細說是誰了……最具代表性的是黃信介，一直向庭上鞠躬，說實在他真是冤枉，因為他不是帶頭的、也不主張暴力，但他是負責人嘛。第二種是緘默型，幾乎不講話，像姚嘉文，問什麼都盡量簡單回答，是或不是，他學法律的很懂得保護自己，因為審判問答之間有時有圈套，盡量少講為妙。第三種是慷慨激昂型，就是施明德！」

當庭上問施明德：「美麗島事件你為何參與？」施明德直接回答：「我要推翻政府啊。」庭上再問：「那你承認你是顛覆政府？」施明德再答：「我是顛覆啊。」施的律師緊張了：「報告庭上，他不是那個意思……」庭上也立刻說：「我沒有問你，是問他！」這下全場都忍不住笑出聲來！這種攸關生死的場面何等森嚴肅殺，居然出現這樣「黑色幽默」的對話，而現在網路上也還搜尋得到當時在憲兵押解下，他們八個人一字排開接受審訊，其中唯獨施明德雙手插在口袋中，桀傲不馴、面露微笑的照片。

施明德後來很驕傲地說他這一輩子敢做敢當，當年人家說他坐了二十五年的黑牢，但施明德卻說：「黑什麼牢，我高中起就想叛亂推翻國民黨政府，我求仁得仁嘛！」關中佩服他堅持理念、視死如歸的精神，因為很多人並不知道蔣經國已下達不要判死刑的決定，都認為主犯一定死刑，而當時的法律「二條一」很死板就是唯一死刑，所以當時關中的工作就是在想怎麼營救他們，如何為他們平反降低刑責。

「那麼你有沒有同情他們？」我好奇地問。「起碼我並沒有敵視他們，因為我和他們長期有來往，了解他們的一些想法。」關中說，當然他們還是有些事騙了他，在出事前幾天一個美國人請吃飯的場合中，「我拉著姚嘉文到旁邊問，聽說你們十二月十日當天有活動會比較激烈？他還說沒這回事、不可能、放心啦。」結果證明根本不是像姚嘉文說的。

在關中看來，許信良是個理想主義者，他從小就立志當總統，在政大唸書時就很活躍，熱中競選三民主義社團的總幹事；施明德曾說過就是想武裝叛變才去讀軍校，但他們後來都有改變。施不是搞省籍鬥爭，而是認為國民黨不民主、專制，當社會邁向改革開放，當初民進黨追求的目標大部分已經完成，所以施明德現在認為如果挑起族群矛盾而使台灣分裂，這是他不能接受的。「他是個職業革命家，但很開明，而且我很敬佩他，我認為他很有愛心，一個人在他年輕的歲月裡做了二十五年牢，自認求仁得仁，很坦然，沒有怨恨，這點很了不起。」關中如此評價。

由被告聘請組成的十五人辯護律師團，其中包括江鵬堅、尤清、謝長廷、陳水扁、張俊雄、蘇貞昌等人，都是因美麗島辯護律師而起家成名，後來乃至到現在都成為了民進黨的領導要角。當時政府對所聘的律師並未設限，完全尊重被告們的自由意願，而他們請誰當律師，都先透過關中再提報給軍事審判法庭。還記得陳水扁是聲請收件最後一天下午五點截止前，才由黃天福送件進名單的最後一人，是為黃信介辯護；這也是關中第一次聽到陳水扁這個名字，當時還不禁脫口問道：「這名字太奇怪了，這真是他的名字嗎？」

從羈押到審訊期間，關中還代表國民黨負責與被告家屬之間的聯繫溝通、訊息轉達，「那時我是家屬們的保護神，她們有央求，我一定忠實反應。」他在專案會議上提出報告時，有時轉達家屬們的要求講得太多、太具體，還會被情治單位首長調侃：「關中你是在為誰做事啊？你也要轉達她們一下，他們是在坐牢，不是在住觀光飯店！」都是反映哪些問題呢？「哎，像房間太熱了、洗澡水太涼、吃的不好，各式各樣的都有，我都儘可能去辦到。」所以像許榮淑、周清玉等家屬到現在都與關中保持友善的關係。

對情治單位首長的反諷，關中認為正面對槓、言語衝突是最不智的，所以他總是四兩撥千斤地回說，他是忠實反應家屬們的意見，而且「必要時我也會搬出經國先生來壓制他們，強調主席一再交代要用愛來化解」，他們也只能氣得搖頭，不便反駁。針對美麗島事件對台灣後來政治發展的影響，關中說首先這是個悲劇，「在我們國家遭遇重大危難時，一些反對政府的人士他認為這是個機會，但在政府來說，不希望再有更多的危機內外交逼，要力圖避免，我那時就是被賦予這樣的任務溝通疏通，後來證明效果其實不大。第二點是外力介入的可怕，我事後檢討，我跟他們講十次話、吃十次飯，抵不上美國駐台人員跟他們吃一次飯、講一次話，因為他們從那邊可以得到一些鼓勵、暗示，給green light（綠燈通行之意），go ahead（繼續衝）嘛！」

第三點也是最重要的，關中坦承即使沒發生美麗島事件，民進黨組黨還是會實現，因為他感覺蔣經國那時的思考與想法已經改變了。在關中剛調任政策會時，蔣曾經指示他研擬黨的革新方案，當他向蔣提到組黨、開放報禁等等都是將來社會必然要面臨的問題，必須及早因應，重新為黨定位時，「那時他的反應都是非常冷淡，似乎都不以為然，但後來我慢慢感覺到不一樣。經國先生要我跟黨外人士講，民主自由是未來必然要走的路，一定會開放的……而台灣內部不能出現不安動亂，台灣一亂將給別人可乘之機，美國、大陸都可趁機威脅我們。」以關中當時的位階，他認為蔣經國能對他這麼重視，可見蔣對與黨外溝通這件事的高度重視。那時已是美麗島政團，他們接著又成立黨外公職人員聯誼會，是一步步來的，但國民黨都沒去阻止，六年後便宣布成立民進黨了。

關中說，最後一點也是最遺憾的是，政治活動的領導人很重要，美麗島政團原來是許信良領導，他那時有政治魅力、手腕而且有聲望，但他突然不見了、出國去了，到現在也不知道是什麼原因，「是被黨內壓迫而走？受到情治單位的暗示？還是美國人的安排？都不確定，但他這一走，群龍無首，黃信介表面上被推為領導人，但他實際上被架空，他下面這些人作的事他幾乎都不知道，事實上也不必跟他報備。」以致於關中每次跟他說一些事時，黃信介都很懊惱、尷尬又不好意思，因為他都不知道，只能一直說：「歹勢啦……」

在政策會工作期間，關中不斷思索國民黨的問題何在，那時他幾乎每天都會給黨祕書長蔣彥士上一個報告，對黨外、對政局提出各種分析建言，更發現黨背了很多黑鍋，「很多事情都是情治單位作的，而且他們是各做各的，彼此還互相牽制干擾，出了事後就推給政府，政府沒法處理，就推給黨，黨永遠在擦屁股、擦不完！」關中說陳文成、林義雄事件，都是這樣……因此他向蔣彥士建議，現在主席這麼重視這些問題，都是黨祕書長在居間協調，「我們何不成立一個會報，把情治首長都找來，誰有什麼問題、事情就提出來，大家可以有共識，然後分工去作，真正有困難時，黨再來負責統籌處理，由我來跟主席報告，再回來告訴大家怎麼做。」

蔣彥士一聽連聲說好，馬上報告蔣經國獲得同意。既然是關中提議的，就由他來當執行祕書，每個禮拜發通知、擬議程，八大情治單位通通到齊，由祕書長蔣彥士主持，關中當記錄。由於協調會報訂在每週六早上七點，一開始大家還有點心不甘情不願，後來發現的確給他們解決了不少問題，「因為他們有些問題講不出來，然後就去做，結果就會出事，現在地雷當然少多了。」

有沒有提出過什麼奇怪的事，而被你們阻擋下來的？「情治單位是教條主義，總說照規定不能違反，但這個規定是何時的？合不合理？從不去檢討，我們就提出挑戰，我說這個是從大陸帶過來的，到現在還在台灣適用，都什麼時代了？他們就不講話了。」但情治單位為求保險，往往是寧可錯殺一萬，不能有萬一，所以像海外黑名單當時逐漸解禁，有些人要回來，情治單位說不行，關中便問有些更嚴重的人都可回來，某某人為何不可？這下他們就沒話講了。後來黨中央很多單位像組工、社工、文工會都想參加，蔣彥士還笑說平常找開會都不想來，現在卻搶著來開會，原來是他們一打聽，這個協調會報「功效」奇大，「好像太上中央黨部，可紅了！」

「因為經國先生對我的任事，蔣彥士對我的信賴，所以我做起事來很順手，心裡也很踏實愉快，這兩關如果過不了，很多重要的事根本作不成。」關中說，之前和後來的一些黨祕書長，常將黨的工作把持在自己手上，他會把你跟黨主席隔絕，任何事你找到他，他都是說我會跟主席講，絕不會說你這事很重要，我帶你去跟主席報告。「蔣彥士對我的知遇之恩就是這樣開始的，他聽我說半天後會講，他去說不清楚，還是你直接去跟主席講。」從不藏私而且恢弘大度。

這個協調會報能提供與分享來自情治系統各部門的資訊，可以協調事情、整合共識、避免誤判或獨斷，對當時政府處理反對運動有積極正面的功能，但可惜後來蔣彥士離開黨部、關中調離政策會後就無疾而終了。從政策會發生美麗島事件前後這段時間，蔣國常常會找關中來交辦或談論事情，而這也是關中跟蔣經國接觸最密切的階段，一直到發布他為台北市黨部主委。

第四章

挺進選戰第一線，全新的戰將登場

無懼反彈人事大換血，年輕化、企業化經營黨務

美麗島事件後，關中對政黨溝通的任務也隨之告一段落，接著軍法審判步入尾聲，開始進入療傷止痛的善後工作，黨外的聲勢表面上看似暫時消沉了下去，但政局內外交逼的壓力並未停歇，台灣的政治地殼正在風雷湧動，蓄勢待發。有心培養關中擔當重任的蔣經國，決定進一步將他推上民意競爭的第一線，發布關中出任台北市黨部主委。這時關中四十一歲，是他進入黨職的第五年。

被派到北市黨部，關中事前毫無所悉，也沒有任何人徵詢過他的意見，包括消息最靈通的親密戰友陳履安，也從沒跟他提過，所以當人事令發表時，連陳履安也嚇了一大跳。

由於前四年都是在黨中央的青工會、政策會任職，加上對黨職工作的性質不甚了解，關中剛開始並不知道這項新黨職可是方面大員，還很單純地以為自己是被「下放」了，後來拜訪接觸過一些前輩大老、地方人士後才知道，這個工作超乎他原先所認知，非常重要而且複雜多了。尤其台北市是首善之區，所有中央政府機關都在這裡，而且黨國大老特別多，光是過一個年，黨部主委得親自上門拜年的就超過三百人，從輩分、工作關係、包括同鄉會、民間團體算下來，幾乎全都是他的父執輩。

關中剛到北市黨部時，市長還是李登輝，李一聽到關中膺任市黨部主委的消息，馬

上就打電話來道恭喜、請他吃飯接風，而蔣經國召見李登輝時也交代了要多照顧關中。其實兩人也算是舊識，關中在政策會時，李登輝是政務委員，有些場合會見到面，又同為留美出身；李登輝其實蠻有階級觀念，頗有貴族架式，自視又高。「我一發表市黨部主委，他就跟我說，嗯，你是博士、張建邦（時任台北市議會議長、國民黨中常委）是博士、我也是博士，我們三個博士，很好，哈哈哈！」

關中在北市黨部主委三年任內，一共對應過三位市長，分別是李登輝、邵恩新、楊金欉，其中比較特別的是邵恩新，他是臺北市任期最短的市長，僅四個月餘即因病請辭，受聘為行政院顧問。過去邵恩新在省府民政局長、台北縣長任內都表現不錯，所以蔣經國才請他來擔任台北市長。但奇怪的是，他做了不久就做不下去了，有幾次他都來拜託關中，請關中一定要代為轉達報告蔣總統，他實在做不下去了、也沒這能力，每天緊張得睡不著覺，這樣下去會耽誤國家大事的……好像台北市政把他壓得喘不過氣了。但是關中謹守分際，因為這麼私密的事並不方便代為向上轉達，但可見在市府首長心目中，北市黨部主委足可直達天聽、影響傳達重要人事。

當時以黨領政，北市黨部主委有沒有比市長大？「理論上說是這樣，但國民黨從經國先生真正掌權以後，一直在壓低黨的地位，強調黨在地方上應該是配合、服務政府和議會，而非領導政府，國家體制還是應該以政府為主。」關中直言，但地方政府本身卻不這麼認為，認為黨還是決策重心，包括人事都透過他們去爭取協調，所以反而市府首長對黨部比較重視。

那是個真正以黨領政的時代，而且地方黨部主委在選舉的提名、輔選、配票等方面，都擁有極大的權力，當時有些縣市黨部主委還會把縣長、議長叫進辦公室，讓他們乖乖立正站好聽訓。但出身學界、接受過民主教育洗禮的關中，對這種傳統官僚習氣非常反感，他總覺得自己仍然是個書生、政治素人，哪有什麼資格擺官架子，所以他始終戒慎恐懼，寧肯把自己看低一點，而當時的市長李登輝對他自然也是非常客氣尊重，所以兩人相處頗為和諧。

關中到任後開始部署的三位副主委，要用什麼人既有人情世故，也有學問。其中一位是他老長官吳俊才所推薦、具有黨內湖南幫背景的馬鶴凌，也就是馬英九（當時還在美唸書）的爸爸，後來關中才發現吳俊才的背後其實是秦孝儀推薦。第二位是市議員荊鳳崗，由關中交情很好的黃昆輝（當時他是台北市府教育局長、關中的國建班同學）所推薦。第三位是陳炯松，是關中自己找的。馬鶴凌負責黨的組織工作，他曾經很狂地說國民黨懂黨務的只有兩個半，一個是老蔣總統、另一個就是他、還有半個是蔣經國，由此可見馬英九之父當年非常自負，自然也頗有爭議。

荊鳳崗負責黨政（市府、議會）的溝通聯繫，第三位副主委則負責社會、婦女、勞工、文宣等對外綜合工作，由於現任的這位副主委外界風評不好，關中不太放心，打算用自己找的人，「而且這個道理從一開始，經國先生就對我說，要用人你就要自己找，不要隨便聽別人的，既然我有尚方寶劍，長官也都支持，便多方打聽找到了陳炯松。」陳炯松大關中兩歲，也正是年富力強、非常活躍的年紀，當時是台北瑠公圳水利會長、國大代表，之前兩人就認識，一聽關中找他當副手，立刻搖手謙稱自己只會吃喝玩樂，不堪擔此重任；關中硬是找他談了三次，還笑著強調兩人是絕佳的搭配，因為「你會的我不會、我會的你不會，我是外省人不懂基層，你是本省人地方最熟」，終於說動了他，班底於焉成形。

陳炯松後來一直伴隨關中，從北市黨部到省黨部任其副手，後又相繼擔任經濟部國營會執行長、台北市議會副議長、國民黨營華夏投資公司總經理等職，成為關中最好的搭檔、一生的好朋友，直至如今兩人退休多年後仍是不時聚會、一起打球，無話不談。

關中自許是改革導向的人，不能接受一切照舊，更不讓不合理的事得過且過，他一來除了遍訪基層前輩，也跟每個區黨部所有同仁座談聽取意見，馬上發現問題：「我一看資料數字，台北市那時十六個區黨部，每區有一個書記、兩個組長，一共三十二個組長，但現在聽起來當然匪夷所思，因為我一查發現，居然沒有一個是大學畢業，頂多就一兩個專科肄業！」關中說，這些人有的是大陸撤退來台特警班出身的、軍中退伍的，也有黨營事業、地方政府轉來的，可說是雜牌軍各式各樣；當然從另一個角度看，他們在兵荒馬亂中從大陸來台，當年等於是流亡學生，如今他們已是五十歲左右，就算當個中級黨工也不為過。後來再進一步了解，一半以上都算稱職，但也有一半在生活和能力上不足，於是關中開始人事大調整，一組總幹事從中央組工會調人過來，或把黨部現有的年輕人調上來，三十二個小組長全部換血，從區黨部將年輕黨工升上來。

當時年輕黨工在座談時反映，考進來十年還是個專員，人事一灘死水、前途不死不活，新人上不來、深感沒前途；關中對此積極回應：「要給年輕人希望嘛，沒希望就沒幹勁，打仗的部隊在第一線、在地方，就要年輕化、有幹勁；黨部只是個後勤內勤的單位，老的就調回來，而且現在台北市水準那麼高，對外接觸連個大學生都沒有，怎麼可以！」

這一番人事大換血天翻地覆，讓年輕黨工士氣大振，當然也有不少怨聲載道的不滿傳出，當時市黨部中高階黨工很多都比關中大個十來歲，「我辦公室隔壁就是個顧問室，我把一些老的黨工調往這種閒缺，每次我經過就會聽到裡面有人拍桌大罵王八蛋！他們又不指名，我就裝作沒聽見，哈哈哈！」

「我的個性就是我做了，就沒什麼好怕的，因為我沒有私心、也不怕沒後路，大不了回去教書，心中無罣礙，就不怕改革，所以到任何地方都是刮起一陣風。」關中說到了北市黨部，他主張黨一定要年輕化、專業化、要有現代的知識和觀念，最重要的是企業經營化，但其實之前在青工會、政策會四年的學習和體驗，他就每天在觀察思考，研究這個黨被大家批評的問題何在？為何如此暮氣沉沉、保守、跟社會脫節？心中感觸很深，「所以希望以企業經營方式來經營黨，我對國民黨過去的歷史了解絕不會比別人少，但現在時代變了，過去國民黨是個地下黨、革命黨、剛性的黨；但現在是個執政黨，台灣現在又是個太平的日子，沒有立即的危險，長期執政、權力又這麼大，搞這麼剛性幹嘛？沒必要嘛！你這樣剛性只會把自己跟人民的距離搞得越來越遠，沒辦法讓人民親近，還強調什麼主義啊、紀律啊、什麼的……那是搞革命的！」

早在四十年前，關中就有這樣的體悟，而且將理念向上建言、向下落實、對外積極宣揚，雖然他在黨內受訓時還是叫革命實踐研究院（二〇〇〇年改名為國家發展研究院，二〇一七年恢復舊稱革命實踐研究院），「老總統到台灣在陽明山時天天講革命這一套，但我認為那個時代已經過去了，而且蔣經國跟他父親也不一樣了，他是一個親民、平民化的領袖……」隨之而來的，台灣也正快速進入一個天翻地覆的大變革年代。

走群眾路線，把讀訓改成唱歌，改造文宣與訓練

關中到任台北市黨部後做了很多突破性的創舉，如重視宣傳、民調、訓練、市場區隔調查、企業經營黨等等，在那時代都是非常創新的做法，贊成反對的都有，在當時不僅大幅改變一般人對國民黨的刻板印象，也嚴重挑戰黨內上級的傳統觀念，即使不少黨工也很不習慣。

那時黨部晨會非常刻板制式，每天早上上班前先在市黨部大禮堂讀訓，把總理總裁

過去的講話找一段出來，由口齒清晰的人唸上幾段，「在那個時代見怪不怪，國民黨開任何會議前都先讀訓，但我就覺得奇怪了，這些人還需要讀訓嗎？他們都做了一輩子黨務工作了，這就變成形式主義了，而且有些人還在打瞌睡……」後來關中乾脆改成唱歌、練歌，這樣出去可以跟基層民眾一起感情交流同樂，唱愛國或流行歌曲都可以，像《中華民國頌》、《朋友》、《當我們同在一起》，這些歌大家一起唱，出去跑基層就可以帶動氣氛、增進情感。

為了這個改變，他終於被中央黨部叫去問了：「你怎麼把讀訓改成唱歌，你不知道這樣做很嚴重嗎？」

「喔，嚴重在哪裡？」關中不服氣地反問。「哎，黨是個嚴肅的組織、有領袖的訓詞，改成唱歌成何體統！」關中又反問：「當你出去接觸民眾時，你是跟他們介紹領袖的話呢？還是唱歌比較親切點呢？」「哎，話不能這麼講，你這個是跟我強辯！」眼看組工會長官有點下不了台，於是關中也妥協了，「那就改成一半讀訓、一半唱歌吧。」

關中半開玩笑地說：「台灣政壇流行唱歌，我是始作俑者，後來吳伯雄喜歡唱歌，他做內政部長時跟我開玩笑說，『中兄，你正事不做，老是帶著黨工在外唱歌，你這個是沒執照的、違法的喔，結果後來他唱得比我還兇。』問關中當時都唱些什麼歌？除了《中華民國頌》，他隨口就說出像是《藍與黑》、《至少還有我在乎》，當然也要有一些台語歌如《風飛沙》、《心愛的人》、《思慕的人》等等。

除了將讀訓改成唱歌，他還把叫做《台北黨務》的黨部刊物改名為《群眾》，「原來的名稱有誰會看？裡頭都是黨部辦的活動、主委講話、中央指示等等，除了真正辦黨務的人必須要看，對一般人哪有什麼吸引力？能有什麼效果？」關中要求改名後的新刊物，要給人希望、要有想法，而且不是一本雜誌，要像個小型報紙可以折起來、圖文並茂，普遍發行寄發，並找來青商會系統出身的張世良（後曾任立委）來策劃，務求令人耳目一新。

果然，他又被叫到中央黨部質問：「你用的這個《群眾》是共產黨用的名詞，他們是搞群眾運動起家的！」關中又反問了：「共產黨用的，我們就不能用嗎？大陸不就是這樣丟的？共產黨吃米、我們就不能吃米嗎？」組工會長官說不過關中，只好接受，「其實我在市黨部就是上面的婆婆媽媽特別多，他們也把我當個年輕人看，電話打來老是問東問西，不滿或欣賞的都有……」關中的做人做事原則就是「順勢而為、既合作又鬥爭，總是有人會有意見，但我一面解釋一面做，口頭上不會立即硬槓、但也不退讓，默默推動造成既成事實，以實際的成績來累積肯定。」

為了落實以企業精神經營黨務，關中請來行銷專家演講、上課，包括當時還是台大教授的王志剛（後任經濟部長）也是講座之一，市場、經營、文宣、企管等學科都是上課重點，「演講或來授課者，不請黨國大老、也不請政府高官，只請學者與行銷專家。」關中強調。

關中又正式成立編制外的志工小組，一開始便邀請當年新當選的市議員三劍客趙少康、郁慕明、劉樹錚組成ABC小組，為市黨部的策略、文宣腦力激盪、出謀策畫；黨外那時也有陳水扁、謝長廷、林正杰這三劍客，三對三皆是兩軍主力，堪稱一時之選，勢均力敵。

在關中任職北市黨部的三年間，一些令人津津樂道的選戰文宣海報如「一暝大一寸」、「不一樣的月光」、「雨哪會下不停」頻頻出擊，「每個都打動人心，都是我們智囊團的傑作，還有『亞細亞的孤兒』……」這個也是？「當然啊，這是形容台灣的命運，所以黨外硬說我們在學他們、是企圖魚目混珠……我說為什麼這就是你們的專利？我們在同一個島上一同呼吸，一起感受社會的變化，只是我們的解釋不一樣，我們要從正面來看！」關中說，這些文宣如果靠傳統黨工是做不出來的，因為黨工的腦筋有窠臼，所以必須跳脫體制由外面的人來做。

關中到任後碰上的第一次選舉成績並不順利，一九八一年底市議員黨外選上的比預期的多，關中分析原因有三：一、時機不好，他在該年五月初到任，六月底就碰上台北市行政區域重新調整，把原來八百多個里，一下子就縮減成六百多個里，這樣的做法在地方上造成很大的反彈，因為有近三分之一的里長沒了工作，當然心裡很不舒服；當年十一月的市議員選舉因此出師不利，提名的同志有多人落選。二、美麗島事件的反彈力量，民意對黨外同情的滿多，美麗島律師團如陳水扁、謝長廷初試啼聲紛紛選上市議員；三、關中大整頓後的黨部系統反彈，很多人在選舉時不配合、扯後腿。「這點我心知肚明，但該做的就算會痛也要做，而且要做必須及時做，所謂新官上任三把火不是沒道理的，上任時容易做，拖久了反而壓力都來了，就更做不成了。」

由從事地方黨務工作開始，關中就非常重視文宣，更早之前，包括中壢事件、台美斷交影響立委選舉停止，他就感覺國民黨實在太不重視文宣了，只迷信組織、彷彿只要動員、有錢就可解決一切，而這就造成國民黨在往後一連串的選舉挫敗。

不過，也正是在關中台北市黨部主委任內的第三年，他成就了一舉成名的經典「七喜之戰」。關中謙稱，七喜成績他是被過度美化了，選戰勝負主要看大環境，其次是勢，「是乘風而起、還是逆流而上？是固守陣地、還是突圍而出？要看選舉的策略；首先要看大環境，其次看選舉的運作能否把聲勢帶動起來。」他分析，一九八三年選舉的大環境不錯，黨外在美麗島事件後的壓力已得到釋放，社會找到平衡的出口，不像前兩年縣市長、省市議員選舉時那麼來勢洶洶，像陳水扁、謝長廷當選市議員那樣打遍台北無敵手的樣子。其次是黨部規劃得早，有足夠時間充分部署。

關中透露，一九八一年他第一次負責選戰，成績不理想，很自責，曾上報告向祕書長請辭；祕書長慰留，但令其驚訝的是蔣經國召見了他。

對當天約見的場景對話，關中仍然歷歷在目。蔣經國並沒有任何責備的意思，反而笑容可掬地一直講辛苦了……關中直說很對不起黨交付的任務……蔣經國回說：「不要這麼說，已經很好了，大環境如此，美麗島事件後民氣需要宣洩，這樣也好。」

蔣經國溫言細語安慰著關中，突然間問起：「關中同志你貴庚啊？」關中一下子沒聽懂蔣的鄉音，會不過意來，蔣經國看他沒反應又問：「你幾歲？」關中這下聽懂了馬上回：「四十二歲。」此時令關中永生難忘的情景出現了，只見蔣經國靠在椅子上彷彿出神般半天沒吭聲，關中心裡正緊張地以為怎麼了？過了一會兒，蔣經國突然一下子挺起身、拍著椅子把手，對著關中笑著大喊說：「那就是我到台灣的年紀啊！」然後又放鬆身子躺進椅子裡，似乎在回憶著什麼美好的往事，時間就這麼凝結在兩人之間。然後蔣經國又再挺起身說：「關同志啊，這是你做事最好的年紀，你們現在好好努力，將來可以給國家做出很大的貢獻，要好好把握！」然後跟關中話起家常，問候他的太太、岳父……鼓勵慰勉有加，關中感動莫名，心中只有「下次選舉我拼了」這個念頭。

區域聯防、形象定位，七喜之戰創經典

一九八三年底的增額立法委員選舉，是關中邁入選戰職涯真正初試啼聲，也是他一砲而紅的經典之作，由他所主導規劃提名、輔選配票的七名立委候選人簡又新、蔡辰洲、林鈺祥、洪文棟、紀政、李志鵬、高忠信全數當選，此役不僅在首都締造為人所津津樂道的「七喜」（7-up）紀錄，也為關中從此建立了國民黨「戰將」的稱號。

此後至一九九〇年卸下黨職，關中歷經大小選舉無數，擔任國民黨選戰前敵總指揮，戰功彪炳也爭議纏身，不管是對他的美化或醜化，在媒體與政壇的塑造、渲染與議論下，他的剽悍、剛猛、精準、執著和效率，不僅黨內對他又愛又批，黨外對他更是又怕又恨；從「七喜」開始，戰將的形象成為他的烙印，在國民黨選戰史上能以連續輔選佳績而被稱為戰將者，他既是空前，可能也是唯一。

該次選舉也被視為是黨外勢力的一次挫敗，台北市八席立委中原先黨外擁有兩席，但在「批康運動」與國民黨北市黨部主委關中戰略戰術的運作下，黨外老將康寧祥意外落選，唯一當選立委的江鵬堅則成為日後黨外運動的要角，更擔任了民進黨創黨首任主席。在台灣省第一選區則有黃煌雄的落選，第二選區黨外勢力出現張德銘與許國泰相爭攻擊，最終雙雙落選。在台灣省第四選區的高俊明之妻高李麗珍亦落選，但美麗島事件受刑人林義雄之妻方素敏、張俊宏之妻許榮淑皆在本屆當選立委。

從一九八一年底以後，關中開始為兩年後的立法委員選舉做全程的規劃，也把許多新觀念、新做法如選舉區隔、形象塑造、行銷策略等等帶進黨部。一九八三年底的選舉勝利被外界稱為「七喜」，是因為以當時台北市選民的結構來看，在應選八席的名額中，黨外當選兩席是天經地義的，當選三席也頗有機會；結果在關中的策略與文宣運作下，國民黨硬是當選了七席，黨外不但未能順勢擴增一席，反而還少了一席，所以被認為是非常難得的紀錄。

由於第一次碰到的選舉便吃了敗仗，內心的感覺自是萬分窩囊，關中再度發揮了學者本色，邀集專家以做學術論文的態度來研究問題。首先從台北市選區著手，他發覺台北市五個選區中有一個大的空檔，就是第三選區的中山區；由於現任的雷渝齊在上屆當選後，三年來在問政手段和操守上都有極大爭議，不僅令政府官員側目，連行政院長孫運璿都大表不滿，要求黨部不能再提名他。既要處理雷渝齊的問題，又要確保中山區不失，因此關中想到了國泰集團的蔡萬才這步棋。

中山區過去由國泰集團的蔡萬才當選過兩屆，而且都是以十萬票以上的高票當選，但是在上一屆蔡卻改選商業團體立委，關中認為這麼一位擁有雄厚實力的人物，不在地方選區域立委實在太可惜了。

當時黨外的候選人有三位，兩位是現任的康寧祥與黃天福，一南一北，選區主要是台北老社區，兩人都是老台北、老黨外，基層實力強，尤其康寧祥更是紅極一時。另外在松山信義區新推出的江鵬堅，後來成為民進黨創黨後的第一屆黨主席，學養俱優，律師出身，能說善道，更是「美麗島事件」的辯護律師，知名度也高。國民黨該區現任的周文勇，相對之下就弱了，情勢顯得相當危急；「那時內憂是雷渝齊，外患是江鵬堅。」關中一句話清楚歸納。

「我讓蔡萬才回中山區選區域立委，以他的家族實力必上，雷渝齊即使脫黨也選不上。蔡萬才空出的商業團體立委給周文勇，黨也算是給了周文勇一個交代，因為周忠誠老實、對黨有貢獻，不能不管他，封閉式的商業團體好選多了。」於是關中去找蔡萬才商量改選中山區，但他不接受，於是關中把名額留給國泰家族自己推出人選，最後只有蔡辰洲一人願出來選區域。

「回顧國民黨這邊，有不選的、有做完這一屆，下一屆就難以為繼的，形象與實力不平衡，新舊搭配也不容易，整個形勢非常艱苦，所以我們便開始物色適當人選，一方面要使票源能平均分配，另一方面又要兼顧形象與實力。」關中分析，台北市在地理上是由縱貫鐵路區隔成南北兩部分，社區的新舊則分布在東西兩邊，選舉對執政黨而言是守重於攻，因為執政黨名額多，就像打籃球一樣，要採「區域聯防」，每一個人都站在一個不互相重疊的基本票源區，這樣才能互相支援。

布局完成後，為防萬一，在八席守六席的目標下，由於提名六名都是男性，萬一守六守不住，運用一席婦女保障名額就更為保險。如以學歷優、形象好的簡又新（後曾任環保署長、交通部長、外交部長）取代周文勇，來固守松山區與第二選區票源，他是淡江大學教授，美國航空工程博士，從兩年前就開始鎖定目標培養，到各處演講，也在媒體上累積了相當知名度，並且經由初選出線。以新人洪文棟（名醫，他的太太是台灣歌仔戲首席小生名伶楊麗花）在第一選區參選，林鈺祥守住第四選區，軍系的李志鵬則吸收黃復興黨部的票源、蔡辰洲守中山、高忠信（宗教社團）守文山古亭。

「我安排了一個伏筆，暗樁就是紀政，這是當年最成功的布局！」關中至今仍得意不已地說，他先偷偷去看紀政，要請她選立委，紀政很訝異，「人的形象好在選舉中最重要，我們看中的是她清新愛國的形象，因為我們事先作民調，在不提示的情況下，她都是第一名，平均每三人中就有一個人會支持她，至於她有沒有能力已不是選民關心的事了。」關中要紀政提名前不要做任何動作、先別聲張，徵召後為她安排總幹事、辦公室，當時只花了七百萬元（新台幣，當時一般選立委要兩千萬起跳），她什麼錢也不必出，沒有責任區、全台北市都是她的，等到最後登記時才跳出來。「我們有正規軍、又有伏兵，在提名前，社會和媒體都在猜這女的會是誰？直到登記時才突然蹦出來，效果十足！」

接下來是形象定位塑造，包括整體文宣、個別設計行銷、各自配屬文宣小組，這些在當時都是很新的做法。還把每個候選人都取了一個代號，如紀政是台灣之光、黃復興的李志鵬是大兵博士、簡又新是太空專家、林鈺祥是國會模範生等等。「其中最難推的是高忠信（台北著名的道教廟宇指南宮的董事長），為什麼要提名他呢？因為高有指南宮、指南客運兩大系統，可以用其基層與宗教票來抵消牽制康寧祥。」

到了選戰最後階段，每天晚上輔選系統都會報票、算票，攤開地圖，召集該地區負責人研商加強，追蹤回報、反覆補強，最後開出的票果然很漂亮，簡又新拔得頭籌最高票，其他人得票還按個人形象高低排序，連當時的市議會議長張建邦都說關中是拿了最難得的同花大順！「紀政的票多漂亮，她沒有佔用到婦女保障名額，就排在第七，策略完全成功。」換言之，最後關頭估算雷渝齊和江鵬堅的票很接近，「那時我們手裡還有些配票，我手一鬆，雷渝齊就當選了。」

那時黨的配票在選戰中還佔有一定功能，關中透露，選戰到最後時有人建議他，「看這走勢，雷渝齊會當選，所以紀政這一席保障名額不要浪費，我們讓雷以第七名當選，再讓紀政用婦女保障名額擠掉第八名江鵬堅，這樣國民黨可以全壘打！」但關中硬是不幹，「我們國民黨不能做這種事情，一個叛黨、毀黨、把黨傷害這麼大的人，怎麼能讓他再當選？孫院長已經跟我一再表達不滿，如果雷渝齊上他就不做院長了……」

但雷渝齊也不是省油的燈，他在未獲提名之後便脫黨參選，並透過其所辦的《雷聲雜誌》開始攻擊黨祕書長蔣彥士、組工會主任梁孝煌、關中為提名蔡辰洲拿了兩千多萬元，而且瘋狂罵了一年多，又強力批判王昇，爆料許多真假難辨的「內幕」，造成極大殺傷力。「雷渝齊很厲害，他在最後一週的造勢場上都高喊，大家加把勁，我已經當選了，關主委已經打電話來跟我道賀了……搞得我還得在他後面消毒絕無此事。」關中說，雷渝齊也會算，「最後他也派人來跟我講好話，說選舉是一時的、朋友是一世的、他選上總比黨外選上好，我根本不理他。」

但開票結束當晚，關中第一個去看望的就是雷渝齊，當時他穿著睡衣、臉色蒼白地坐在沙發上，一言不發瞪著關中，而關中略做問候，意思到了也就走了。「這會很難堪，為什麼第一個去看他？」我不解地問。「一定要這麼做！不這麼做，他更會罵……我們做黨務工作，提名後去看沒提名的人，選完後去看落選的人，這是必須要做的第一件事，不做的話後患無窮，做了對外也好有交代，起碼黨部還有人情味。」

那次選戰創造了不少經典，直到現在還被人津津樂道。過去每到最後關頭，每個人都會喊告急、爭取黨部最後的配票，「我們有五大選區，黨有七個候選人，我了解狀況後決定，把剩下的配票全部集中給高忠信。」關中說，高忠信沒有發揮應有的實力，當時他派郁慕明為他輔選，卻把郁氣得半死，說為高忠信設計的內容，他這個人什麼話都講不出來，簡直笨拙得可以。結果關中又押對了，高忠信以黨提名最末位選上，如果沒有最後把配票全灌給他，高就落選了，策略布局也會前功盡棄。最後高忠信第六、紀政第七、江鵬堅第八，康寧祥與黃天福雙雙落選。

第五章

蔣經國怒拔王昇勢力，十信案爆發動搖國本

「劉少康」變太上中常會，捲入情治系統「滅王」狂潮

一九八三年立委選舉雖獲得大勝，但在過程中，最詭異的是蔡辰洲的提名，當時所有黨內程序都走完、提報名單上去以後，卻在蔣經國那裡放了兩個多禮拜都沒批下來，從組工會到北市黨部都非常困惑、疑慮，不但輔選工作沒法做，也會引發外界的猜疑不安，於是請祕書長蔣彥士去了解究竟為何？

結果蔣彥士回來後告訴關中，原來蔣經國聽到外面的傳言說蔡辰洲是王昇推薦的，還不悅地說：「他怎麼可以推薦人選呢？黨部為什麼要接受他的人選？」蔣彥士趕緊解釋不是這樣的，把提名過程說了一遍，蔡辰洲不是王昇推薦的，從頭到尾王昇都沒有參與過，是交由蔡氏家族自行決定，蔡家最後推出了蔡辰洲，而且經過黨員意見反應，也不是徵召的。聽到這裡，蔣經國才說「那我就沒有意見了」，公文也馬上就批下來了。

蔣經國為何會質疑這個「王昇・黨部・蔡辰洲」的關係？時機顯得微妙而敏感。因為同一年稍早前的五月，王昇正處於權力最頂峰之際，蔣經國卻突然下令裁撤其主持的「劉少康辦公室」，更在十月外放王昇至巴拉圭，而這都「剛好」發生在該年底的立委提名與選舉之前不久。一年多後的一九八五年初，台灣史上最大金融弊案十信案也跟著爆發了。

從王昇一九七九年受命成立「劉少康辦公室」，到一九八三年蔣經國下手拔掉王昇

當紅的權力，再到一九八五年層峰下令完全剷除王昇殘餘勢力，王昇與十信案便形成了難以分割的關係，乃至政治鬥爭的絕對理由。而王昇從巔峰到失勢再到十信案爆發，這六年間，關中歷任國民黨政策會副祕書長、北市黨部主委、省黨部主委，正是他備受蔣經國提拔，工作表現耀眼，一路被重用的黃金階段；儘管如此，他還是不免遭到內鬥王昇與十信風暴的波及，至今想來仍感險峻詭異。

一九七七年中壢事件發生後，李煥下台，王昇權力擴大，有所謂「李換（煥）王升（昇）」之說。一九七九年中共「十一屆三中全會」通過了「新時期統一戰線」的擴大統戰綱領，夙有「反共大師」之稱的王昇，承蔣經國之命，基於「反統戰」的任務需要，以其掌握的情治系統為基底，在國民黨內設立了一個相對應於中共「中央對台工作小組」的機構，亦即「劉少康辦公室」。

「劉少康辦公室」的地點在台北市信義路黎明文化公司大樓，成員來自國安局、外交部、新聞局、國民黨文工會等單位，勢力伸入警總、國安局、調查局，影響橫跨黨、政、軍、特、藝文媒體，「王昇接班」說法因此開始傳出；聲勢最旺時，甚至被喻為國民黨的「太上中常會」，或「地下行政院」，權傾朝野也令當道側目。軍人出身的作家朱西寧，更在他的作品《將軍令》一書中，不僅讚頌王昇的「豐功偉業」是十足的領袖人物，竟然還以「頻生壽霜而童山濯濯，神采風度愈似老元首」來形容王昇。如此過度吹捧加上國內外的議論揣測，不但犯了蔣經國的大忌，更終於使蔣經國疑慮爆發，怒撤劉少康辦公室。

但十信案與打王昇又有什麼關係呢？話說王昇在權勢最鼎盛時，的確與本省企業界時相來往，而國泰集團就是其中比較密切的，他底下首席副手蕭政之，曾任國防部總政治作戰部執行官，中將軍階，退休後在蔡辰洲的附屬企業理想工業與國璽印刷公司出任董事長，後亦捲入十信案。蕭政之曾安排介紹了十四位退役將領到國泰集團任職董總，這也就成為王昇拉攏財團關係的證據。

「所以蔡辰洲後來爆發十信案，整個對他的打擊就變成了反王昇力量的集結，是哪些人呢？是所有的情治單位，包括國安局、調查局都是反王的急先鋒。」關中說，因為那時王昇已被蔣經國認為是要圖謀不軌，所以必須徹底剷除他的勢力，當時黨部主管包括他也都被納入劉少康辦公室，但這個辦公室本身沒有任何官方的名義，只是王昇個人成立的智庫，他卻可以對外發出公文給各黨政單位去執行事情，「公文是透過中央黨部蔣彥士祕書長之名發出，他所有的政策、建議方式都是這樣發出去的，反王勢力因此也要打中央黨部的蔣彥士，蔣彥士底下的兩員輔選大將，組工會主任梁孝煌與省黨部主委關中，當然也是要打的重要目標。」

王昇如此高調，那時難道都沒有警覺性嗎？「其實王昇本人並非囂張跋扈之人，但外面的人卻逐漸把他塑造成一種神話，以致危險臨頭卻不自知。」關中說，王昇常常會出去巡視，有時也會帶著他，王後來還跟別人說關中到市黨部是他推薦的，李煥知道後則說王昇是胡說八道，關中是李煥奉蔣經國之命，挑選到陽明山國建班去培養的一批新生代，跟王昇毫無關係。

作家江南（劉宜良）曾在《王昇浮沉錄》一文中分析王昇被放逐的原因有五，其中有兩點是「高估自己的能力，低估對手的才智；恃寵而驕，過分自信和蔣經國的關係。」或可做為對照反思。

另外一個打王昇的正當性力量則來自孫運璿，那時有傳說是孫向蔣經國告狀，「他說我這行政院長怎麼做？王昇利用劉少康辦公室，透過中央黨部發文到各單位去，指示像大陸、國際、什麼什麼工作怎麼做，那我這行政院長算什麼？」關中說，高層圈內消息靈通都會傳出來的，這就把蔣經國惹火了，因為他那時心目中的接班人是孫運璿，蔣認為他屬意的接班人被另一個想接班者牽制影響，他因此對王昇下重手，而且是全面發動情治系統去執行。

早在一九八三年底的立委選舉過程中，脫黨參選的雷渝齊就已透過雜誌，不斷攻擊黨部與國泰集團勾結、拿了多少好處，所以才提名蔡辰洲，而且足足罵了一年多。關中舉證說：「雷渝齊所有罵我的資料，都是調查局提供的資訊，比方說雜誌寫關某人今天參加中常會，在裡頭坐立不安、時而搓手、心中焦慮，因為自己犯了錯誤啥的，所以心神不寧……如此這般繪聲繪影。當時組工會有個叫劉傳高的專門委員，他就是雷渝齊的好朋友、調查局的線民，我市黨部裡也有個常罵我的資深的、他的湖南老鄉叫鍾堯鋒，這兩人是雷的耳目。」關中說他每天的作息，他們都會蒐集給雷、再編寫得他像在現場一樣，「所以他那時的雜誌文章很吸引人，不但有內幕，而且連關中何時進辦公室、何時離開、今天見了什麼人等等，寫得都對啊，如此有真有假，故布疑陣，但內容就隨他寫了……」的確在解嚴開放報禁前的八〇年代，《雷聲》是一本銷路極佳的週刊，其風格就是標榜內幕、文字辛辣、夾敘夾議，如在現場般的以第一人稱描述對話場景。

後來關中堅持要提告雷渝齊，那時他已到省黨部任主委了，即將要面臨縣市長選舉，「如果照他這樣罵下去，我個人事小，這個黨還有誰會相信？」但關中的長官都很鄉愿，組工會主任宋時選、祕書長馬樹禮都不同意他去告雷，「他們說告他幹嘛、這個你理他幹嘛、沒事沒事……我說他這樣一直罵，不是我一個人的事，如果有十分之一的人相信，那國民黨就信用破產了！」為了此事，關中又一次單獨請見蔣經國，當面講明前因後果，蔣經國先是不吭聲聽著，「我說報告主席，這已非我個人的事了，如果黨被一個人惡意的寫成如此腐敗不堪，我們在地方上從事輔選工作，卻背著這樣一個黑鍋，那怎麼選得下去呢？所以我請求一定要去告他，還黨和我一個清白。」蔣經國聽完點點頭說：「好啦，去告吧。」

關中表示以國民黨的文化，當然要蔣經國同意，他才敢去告雷。馬樹禮那時還說：「你告他要上法院，哪有那麼多時間？罵我的人也很多。」但關中立刻回說：「罵你的沒那麼嚴重，我這可是指名道姓、罵的時間又這麼長，而且之前蔣彥士、梁孝煌兩位長官都被拖進去罵，一定要告，要證明雷渝齊勾結情治系統造謠抹黑。」

到了法庭上傳雙方對質，法官一再追問雜誌中所寫的證據何在？雷渝齊只好說是調查局給他的，書記官於是去文調查局詢問，但下次開庭時調查局卻回函並無此事，「雷渝齊當場一愣、面如土色，但我想他也是被利用的。」結果雷渝齊被判一年徒刑，罰款三百並登報道歉；關中強調罰錢和道歉是小事，而是判了一年去坐牢才是重點。

「蔣彥士那時為何要替劉少康辦公室發公文？」我問。「我想，蔣彥士應該是認為王昇當時的指示一定是經國先生同意的吧。」我再問：「王昇真的有野心要這樣搞嗎？」關中回道：「這我不相信，到現在我還是這樣認為。」我追問：「那他為何要越搞越大？」關中認為「捧他的人太多了，人在高處，或許會得意忘形，但我不認為他真有不軌的野心……像李煥、王昇，他們對經國先生是絕對忠誠，甚至幾乎可以用愚忠二字來形容，生平從沒批評過蔣半句話，一直為經國先生辯護，李煥生病過世前與我談到，都是一再強調經國先生如何用心良苦，王昇在外放巴拉圭八年後回來，提到經國先生也是畢恭畢敬，連稱經國先生如何偉大，在他們嘴裡是完全不能批評蔣經國的，這真是我們這代人難以體會的……或許這也是他們那時代的立身處事之道吧。」

情治系統全面打王昇是否為蔣經國親自下令？「這我不敢講，因為在那個時代的政治氣氛裡，有很多事情是有人會藉著經國先生名義借刀殺人的，我甚至聽說情治單位那時另有一個系統在運作……」關中說，當十信案爆發後，蔡辰洲關押在監獄時，當時調查局長是翁文維，他的兒子是調查局內一名科長叫翁祖焯，翁祖焯到監獄去跟蔡辰洲講，你只要承認蔣彥士、關中他們有拿錢，馬上就可以放你出去。他為什麼非要逼蔡辰洲咬我們、把我們整下來？就是他有個更大的目的，要證明王昇是個大毒草一定要剷除，蔣彥士、關中也是他們一夥的……」

蔣經國難道都不知道蔣彥士、關中也遭到株連整肅嗎？「所以嘛我很懷疑……因為經國先生從頭至尾對我沒有任何的懷疑或批評過，包括我告雷渝齊他也同意，所以你問是否蔣下令，或是另外有人在串連情治系統，這我真的難以確定……」關中說他非常佩服蔣彥士的心胸寬大，因為蔣彥士退下來後就回到農復會，而農復會一直為他保留著一個位置，關中把情治系統要陷害他們的事告訴蔣，蔣彥士只是呵呵笑著說：「我現在不做了，不就沒事了嘛。」

所以要把王昇弄下來當然是蔣經國的意思，但過程中有無株連無辜或過當的情況？「這個難講，但我們當時都變成當事人，也變成了一個目標……」不過關中也瀟灑地笑著說，但檢討起來，他卻是絲毫無損，因為在告完雷渝齊之後，所有的謠言都沒有了，後來他參選立委並當選後，所有的謠言也都沒了，「我這一生的重大選擇，後來證明都很正確，一切就是為了一個真相，這點我對自己有信心，也非常堅持！」

蔡辰洲與十三兄弟會，國民黨內鬥複雜險惡

一九八五年二月，台北市第十信用合作社發生擠兌風潮，台灣金融史上稱之為「十信事件」。這是一樁特大型超貸、侵佔、背信與偽造文書案的經濟犯罪事件，事件爆發後，造成舉國震動，經濟重創，社會不安，蔣經國大為震怒，嚴飭行政院長俞國華務必要在最短時間內，穩定台灣金融秩序，恢復社會安定。

在善後補救方面，政府決定「概括」承受十信事件所有的經濟損失，下令由合作金庫進駐代管十信，交通銀行、農民銀行、中央信託局組成銀行團進駐代管國泰信託，等於由公營銀行出面支持兩家出事的金融機構，全面保障人民的利益不受影響。

在司法方面，依法拘捕起訴了以蔡辰洲為首的違法失職人員，蔡辰洲被判處合計高達六七〇年的有期徒刑，於一九八七年五月保外就醫期間因肝癌過世，享年僅四十歲。

在政治責任的追究上，國民黨祕書長蔣彥士、經濟部長徐立德、財政部長陸潤康皆因本案請辭下台。

十信案是繼前一年十月才發生的「江南命案」之後，台灣所爆發的另一起震撼政治、經濟、甚至衝擊影響到整個社會的重大事件，這使得已是風燭殘年、身心交瘁的蔣經國，只能強忍著渾身病痛、承載著巨大的壓力，加速推進各種政經改革計畫。隔年九月二十八日，黨外陣營宣布成立民主進步黨，同年十月十五日國民黨十二屆三中全會決議

通過結束台灣長達近四十年的戒嚴令，由行政院送請立法院研議通過。一九八七年蔣經國總統明令宣布自七月十五日解嚴，開放黨禁及報禁。

十信案全案內情複雜，牽連極廣，案中所涉各方，對全案常有不同解讀，比如在資深媒體人王駿所著《十信風暴》一書中即提到，當十信案行政處分名單出爐後，時任財政部金融司長的戴立寧即語重心長，忿忿不平，曾對該書作者王駿說：「沒有江南案，就沒有十信案。」意即當年頗有人認為，當局掀起十信風暴，係刻意轉移媒體與社會大眾注意力，為「江南案」造成的衝擊傷害「分憂解勞」。

而關中也直指十信案另有玄機，「這是國民黨一個非常大的政治鬥爭，而且牽連之慘烈難以想像！蔡辰洲事件是因為王昇引起來的，十信案是反王昇勢力的結果，目的就是徹底鬥倒王昇。」關中說，當初提名蔡辰洲選立委時，經國先生就不高興地叫來蔣彥士問為什麼？蔣彥士馬上澄清外界對王昇有介入的傳聞是不實的，又把提名過程說了一遍，「可見蔣經國當時已把提名蔡辰洲與王昇勢力坐大連結起來，這在當時的政治鬥爭裡是多大的事，是要透過搞垮蔡辰洲來證明王昇的罪狀，是指控王昇不但擴充軍權和政治力，還結合台灣本土政商關係……這就落實了他的政治野心！」關中強調，尤其在那個年代，蔣經國對政治人物與商界來往的關係特別敏感。

「但十信案本身是真的重大犯罪事件，並不是羅織坑人吧？」我問。「是沒錯，但他發生這事卻被擴大了嘛，十信案可說是一個純粹金融、經濟上的事件，但把它跟蔡辰洲和國民黨選舉扯在一起，就太牽強了；後來還高度政治化，擴大到省議會，變成國民黨與黨外的鬥爭，造成這麼大的政治風暴，黨外還集體辭職……」關中認為，十信案創造了很多台灣第一，從事後看，政治上的因果關係不成比例，其中有多少人想運用這個事件把它變成更大的政治風暴，還想要更擴大，讓國民黨受到更大的傷害。

而這一切鬥爭的邏輯總是經過蔣經國同意的吧？「當然啊，如果他不同意，怎麼發動？而且是他才能發動國家情治的力量，安全局、調查局等等所有力量，都是針對王昇一個人。」王昇或許真的始料未及，就像他的首席大將蕭政之後來在失勢後，曾經對關中說：「我們這樣有什麼惡意呢？又沒有犯法，我們國民黨被看成是外來政權，不去和本省人結合，哪有出路？大家一起合作為黨為國又有什麼錯呢？」殊不知這些舉措安排可是在培植個人勢力，嚴重犯了強人的大忌。

在整件事中，關中始終自認只是被牽扯進去的邊緣小角色，是雷渝齊在未獲立委提名又落選的新仇舊恨下，透過情治單位某些人提供的資料，以雜誌攻擊抹黑刻意放大，「然後就說關中提名蔡辰洲是拿了錢的，接著蔡辰洲到立法院就搞十三兄弟會，結黨營私有政治企圖，緊接著就爆發十信案，經濟犯罪的問題就跟著出來了……」而那時正是台灣錢淹腳目、熱錢滾燙的年代，以一九八五年來說，台灣幾乎整年都有經濟犯的問題。

更讓反王昇勢力振振有辭、大力批判的是所謂的「十三兄弟會」。在蔡辰洲當選立法委員後，當時媒體有頗多報導他結合劉松藩、王金平、洪玉欽、謝生富、李宗仁、李友吉、林聯輝、蔡勝邦、吳梓及蕭瑞徵等立法委員組成所謂「十三兄弟」的派系，經常邀請財經官員，而且向官方遊說「合作社理、監事可無限制連選連任」以及「信託公司可承辦銀行業務」等與十信案有關的修法問題，蔡辰洲也將大量資金投入房地產事業。

但關中認為這是樹大招風的結果，蔡辰洲是繼他叔叔蔡萬才之後第二個財團人物進入立法院，以蔡家的財經力量，當然會大受立委們的歡迎，於是邀宴、結拜等等便應運而生，帶頭的便是出身台中的劉松藩（後任立法院長）；那時台中幫正當鼎盛時期，包括櫻花張、楊天生、SOGO曾正仁等中部富豪也常和他們吃喝玩在一起，連王金平那時的資歷都還嫩得很。

「如果說蔡辰洲當選後常和劉松藩他們一起吃飯，就變成十三兄弟會，那立法院當時的次級團體太多了；依照這個邏輯，如果說集思會變成李登輝奪權的工具，那十三兄弟會就是王昇要反撲的工具嗎？這都可以被賦予政治上的意義。」關中認為情治單位為了要證明他們整肅王昇的正當性，並非無的放矢，甚至連調查局長的兒子（指翁祖焯）還到獄中去招降蔡辰洲，要他配合咬說有勾結王昇，聽王指示擴大勢力，還有蔣彥士人馬掩護王昇，在立法院發展十三兄弟會的「罪狀」；「外面的人不知道這些陰謀詭計，但我們深陷其中的人就會感受到那種恐怖……這在古代隨便羅織一個罪名，這輩子就永無翻身之日了……」也幸好蔣經國始終對關中信任有加。

提到當年的蔡辰洲，絕大多數的報導評論幾乎都是負面的，但直至今日，關中仍對他的為人抱持正面態度，這和外界多數人的印象的確頗有差異。「蔡辰洲是條漢子，雖然後來出了事在判刑前病故，但他沒有信口雌黃陷害我們；而且他也是經過初選黨員意見反應的程序後，才能提名接受輔選，一切都按規矩來。」關中強調，他在提名蔡辰洲時就對他說不必亂花任何冤枉錢，黨部也不需要他做經濟上的配合，他只要自己努力顧好選區就好。

關中舉證說，當時有一位區黨部書記一直陪著蔡辰洲跑選區，有一天這位書記跟蔡說要請一天假，後來才知道這位書記太太剛生了孩子，蔡就包了一個六千元的紅包。書記把錢拿到黨部來問長官該怎麼辦？當時書記長詹春柏說若現在退回去，未免太不講人情世故、不給他面子，等當選後再退回較適當。「所以蔡辰洲對我們感嘆說，黨部不但沒拿他一毛錢，連人情表示六千元都不肯收。後來蔡辰洲在法庭上還當場講了這個例子，又說關主委找我出來選舉，從頭至尾請我吃過兩次飯，但我都還沒機會回請他。」

關中說，十信案是在他到省黨部任主委後第二年爆發，裡頭有很多事是他無法了解的，但這個案子和蔡辰洲被提名與當選立委是沒有關係的，因為當時沒有十信案更別說爆發了。此案是蔡當選後，因為在國泰集團中他分配的事業是十信，結果金融機構爆發不良放款所引發。後來他才了解，十信有很多的土地，突然間土地價值大幅下降，不足以填補十信虧損，造成存款人擠兌，所以政府要接管。

「我到省黨部後，俞國華院長召見我交付任務，說原則就是十信在台北有十五個分行，將由省屬合作金庫去接管業務，這對省政府原本應是好事，結果省議會黨外群起反對，認為國民黨鴨霸、吃定省政府來擦屁股善後。」關中說，中央交付任務，不能讓經濟問題擴大變成社會、政治問題，他必須達成，好不容易溝通好黨籍省議員，黨外省議員又揚言要集體辭職抗議，最後結果省議會還是強行通過，黨外省議員也集體辭職了。

為了這件事，做過省主席、時任副總統的李登輝很不諒解關中，但關中也只能回報情況，表示他只能遵照執行上面交辦的任務。由於隔年就是地方大選，黨外省議員一個個又重新選回來了，對黨外來說，集體辭職是為了凸顯國民黨的不合理，在政治立場的表態上絕對可以理解；但對忠誠執著、吃軟不吃硬的關中而言，同樣沒有退路，只能勇往直前，達成任務為止。身為地方黨職工作的最高主管，選舉時要規劃提名輔選，平常要作好府會關係、黨政溝通協調、公開和私下都得個別建立關係，在拿捏軟硬、決斷和戰之間，關中可謂充分體會了黨職工作的無奈與坦然。

貫徹蔣經國密令，與地方派系達成不可能的任務

十信案的創傷影響極其深遠，不僅嚴重傷害了台灣投資人的信心，台北十信各分社都受到嚴重的擠兌，無數存款戶一生的積蓄血本無歸，受害者達十萬人以上，高達六十

多家企業面臨破產；民眾對銀行不信任，也對國民黨政府的公權力感到失望，更對政府權威造成重大打擊。

十信案也導致國泰集團承受污名，因為十信案在當時並非特例，同期的華僑信託、國泰信託、亞洲信託與第一信託等金融機構也是岌岌可危、隨時處於崩壞邊緣，並不一定要拿蔡辰洲開刀出氣，因此蔡家至今對此依舊耿耿於懷。

對於關中來說，雖然因此飽受流言爭議，甚至是莫名的政治兇險，但總算全身而退，而且通過層層考驗，更加受到蔣經國的重用。可令他料想不到的是，十信案還是給他留下了一道意外的難題，因為在隔年年底舉行的立法委員選舉，蔣經國對他下了一道「密令」：某些爭取連任的立委如劉松藩、王金平、洪玉欽等人，不能提名，但是卻要暗中輔選，而且必須當選！

雖然沒有明說是因為十信案或十三兄弟會，但關中當然心知肚明，這些人雖然沒有一個是被起訴犯法的，但都是被認為與經濟犯過從甚密、媒體報導形象上涉嫌違法超貸、政商關係複雜的人，當然也可以說都是地方上喜歡、也會幫忙喬事情的人。由於十信案剛過一年，當時社會上經濟犯罪、不良超貸的事件層出不窮，民意風向對此深惡痛絕，所以時機顯得格外敏感。

那乾脆就不要提名、為何還要輔選他們？說白了，因為蔣經國也很清楚，地方上沒有比他們更適當能勝選的人，而且不提名他們可能也會當選。蔣經國如此「務實」，但可讓關中的輔選系統頭痛了。

「因為地方人士要面子，他們會想，我如果好、為何不提名？不提名，代表不認同我，那我何必選？所以他可選可不選，接下來就會跟你提條件；你不提名還要我選，那黨部就得多出錢，面子沒有、裡子就要多點囉。」這些連環套般的問題，一環扣一環，都得一一處理解決，關中說最痛苦尷尬的是，怎麼跟地方講，這個人沒有做錯事為何不被提名？怎麼解釋沒做錯事但黨還支持我？而且真正的原因還不能明說，這些問題都只能硬著頭皮去面對。

在蔣經國點名的「不提名但要輔選、而且必須當選」的名單中，王金平自然是一個重點對象，而要搞定此事，一定要先取得地方派系的諒解與合作才行。王金平隸屬於高雄縣白派，在高雄三大地方派系中，白派是最大派系，和紅派均屬於國民黨陣營，另外的黑派則是黨外勢力。白派的領導人是過去的老縣長林淵源（甫於二〇二〇年逝世，享年九十五歲），他和關中是國建班第一期（一九七六年開班，號稱行政院長蔣經國開班授徒的「黃埔一期」，學員包括施啟揚、翁岳生、黃昆輝、孫震等人，均為李煥所親自挑選，作為蔣經國用人之儲備人選）二十八位學員中的同學，曾任高雄縣兩屆縣長，被視為白派「開基祖」，在白派中有一言九鼎的影響力。

林淵源是典型的地方仕紳，為人正派且相當受到敬重，在選上縣長之前是高雄縣旗山黨校校長，他的出身背景與從政過程，可視為國民黨早期甄拔台灣地方人才的一個縮影。關中說他研究台灣選舉歷史，從一九五〇年開始，一直到他作黨務工作的八〇年代時，發現國民黨在地方的縣市長提名大部分是從兩種管道中找人才，一種是校長、老師，另一種是醫生，「所以老有人說國民黨地方政治都是黑金出身，我實在有點為國民黨抱屈。」至於立委方面也佔了很大比例，而所謂的派系關係，一種是公所議會派，也就是政府體系出身，從鄉鎮市長或市民代表大表會主席上來，逐漸上來選立委國代；另一種是社團派，也就是水利會、農會、漁會、商會、工業會等等。派系運作必然經過這些體系才能出來，而且那個年代往往是寧選省議員、縣市長，立委其次，因為前兩者跟地方建設的利益更有關，甚至有些人寧選農漁水利會總幹事也不選縣市長，因為所掌管的財富利益實在太大了。

關中和林淵源關係緣自國建班，但在輔選王金平之前沒那麼深，只是同學之誼，因緣際會也因此有了更深的認識，後來更成了一生的朋友。當時關中把白派三大老林淵源、當時白派軍師范姜新運（農會總幹事，曾任高雄縣議員）、高雄縣議會議長吳珠惠，和王金平本人一起找來，非常懇切謙遜地報告黨中央的決定，表示繼續支持王參選，但礙於國內現在政治氣氛不予提名，這對當事人很不公平也難以對地方交代，因此會和大家一起合作向地方解釋，更會加倍努力輔選，讓票數更高，來彌補沒被提名的遺憾，並特別說明這不是他這個省黨部主委的決定或建議。

有否有明講是蔣經國主席的決定？「當然，不然是壓不住的，這不是針對王金平個人，而是是普遍性的考量。」關中說，像這樣情況的人有六、七個，以中南部為主，不是針對哪一個人，是上面明確交代的政策性決定，並對在場人士強調「你可以想像我執行這個政策有多痛苦、困難和無奈，所以找大家共同來解決，我會用實際誠意與行動來證明把傷害降到最低。」

當場多數人免不了是一陣抱怨、痛罵，其中反應最激烈的便是林淵源，因為他是白派派主，必然是強勢表態，並揚言不讓王金平屈辱參選，只聽他一聲令下，當場帶領大家退席抗議。

過了兩天，關中再一一登門拜訪，苦口婆心勸慰，最後關鍵人物還是范姜新運，必須先說服他。關中對范姜說，「師爺，您是白派的靈魂人物，今天國民黨在高雄也全靠你了，你看這個局要怎麼走下去？全得靠您說服老縣長和王金平了……在地方上我們都是第一次碰到這種情況，傷害很大，怎麼彌補？您盡管交代……」

好說歹說之下，終於獲得范姜新運的同意，由他再把白派眾領導人找來，以達成一致的共識。在林淵源方面，關中更是不時登門「請罪」，化解他認為的「奇恥大辱」；至於王金平除了抱怨這樣令他很沒面子之外，還算平和，也能體諒關中的無奈，其他白派人則是等著看關中是否真能說到做到，會不會傷害到他們的利益和名聲。結果八六年底的立委暨國代選得非常漂亮，王金平與搭檔選的國大代表都拿到十萬票以上，因為這樣也激發了他們內部的危機意識。

不提名卻輔選的具體做法為何？「就是沒有提名程序、自行參選，我們全力輔選，資源都給，招牌照用。」關中說，要爭取這些派性重於黨性的人的確不容易，他也做了一些承諾，例如他對林淵源說今後在地方上的事若有需要我為他分憂解勞的，儘管提出來。後來林淵源就來找關中，推薦一個人去選省農會理事長，關中立刻就答應，而那時國民黨也有此能力辦到，後來兩人越來越熟，相知互重，更成了莫逆之交；「談判就是要站在對方的立場設想，而且要give & take，有取有給、講話算話！」

AIT為江南案「策反」關中，還向蔣經國告狀

江南案發生以後，對國民黨的形象傷害很大，海內外一片交相批判之聲，台灣內部政局更因此發生了微妙的質變。那時美國在台協會（AIT）的處長宋賀德，有一天帶著一個女性組長來省黨部拜訪關中。她「剛好」是關中在美國佛萊契爾大學讀書時的同學。

AIT一行人先表示他們是例行性公事，每年都會到台灣各地方拜訪，參訪了解一下國民黨的工作情況；客套寒暄一陣後，突然話鋒一轉提到江南案說，你們政府做了江南案，對國民黨傷害很大，你們黨部有什麼看法？

關中是在一九八四年的上半年出任省黨部主委，江南案就發生在該年的十月十五

日，AIT的來訪恰在江南案發生不久後。對於宋賀德猝不及防、近乎咄咄逼人地發問，關中一開始的回應四平八穩，但也不卑不亢：「我說黨部對此不可能有何看法，我們不知道此事真正的來龍去脈，也無從知道，如果像外傳的是情治單位、黑社會涉入，我們怎麼可能知道？」宋賀德馬上又問：「難道你之前都沒被告知，或者聽到些什麼？」關中回道：「沒有，不可能！」宋賀德再問：「那你對這件事的看法如何？」關中再回：「當然不好啊，但事情已經發生了，我希望任何政治問題發生以後，首先應該先用法律解決，至於政治上發生的損害，則要靠政府對社會有一個大家能接受的說法，甚至有錯誤也要坦誠說明。」關中並強調，「這是因為你問到我，所以我才說，基於我的職務，本來我沒有必要去對這件事提出看法。」

關中可以感覺到，其實美國人成見很深，認為國民黨好像一個黑幫一樣，而AIT認為那時他是國民黨的核心人物之一，又受到蔣經國的重用，所以開始對關中戴起高帽子，稱讚他是國民黨溝通時代的開明派，對推進台灣民主做了很多貢獻等等；關中聽著只是笑笑，謙稱都是言過其實。說著說著，關中的美國同學、那位女組長說話了，她說：「站在我們美國人的立場，我們認為關先生應該發表一些聲明來譴責貴國政府的做法！」關中驚訝地再問：「什麼？」女組長接著說：「我們認為，以你的身分和所接受的西方教育思想，對這種不人道、不道德的事情，你應該出來對政府有一個譴責的說法！」

關中也立刻正色回她：「妳怎麼會有這個想法呢？中國國民黨現在在台灣是執政黨，我代表國民黨在地方辦理黨務工作，即使你們美國人對我們有很多事不滿意，或者認為我們的民主政治不夠成熟，我都可以虛心接受，但是你們今天居然要我以一個黨員幹部的身分，批評我的國家和政黨，這是非常不合適、非常沒有禮貌的事。」這時女組長趕緊說：「喔、不不不，這只是我們的一個想法和建議，認為這樣對你們台灣比較好。」關中再回：「我不認為如此，你們可以批評，我不能。」女組長不客氣地又回：「那代表你對民主並沒有真正的信仰。」關中也嗆回：「那是兩回事。」從這次的互動，讓關中深刻地感受到美國人的優越感，以及對台灣那種自視為主子的心態，當天的談話後來就不歡而散，以後也幾乎不再來往。

這次會面關中並未特別放在心頭，但過了不久，有一天蔣經國約見關中時突然問起，說他手裡有資料顯示「美國在台單位對你很不滿意」，關中一時還會不過意問道是哪方面不滿意？蔣經國接著說，「美方說你對他們很不合作，他們希望你對國內政治表示點意見，你都拒絕、非常不友善，他們希望多跟你聯繫，也被你拒絕，所以他們認為你在我們國民黨裡不是一個可以溝通的人。」關中沒想到ＡＩＴ居然告狀到蔣經國這兒來了，蔣還特別問他，「有沒有這回事啊？」

關中立即好整以暇地回道：「向主席報告，從我回國後在報紙上寫文章，美國在台單位就會不時地邀請我們學界人士參加餐會，多半是副館長、一等祕書等出面，分層級對應接觸，那時我就有個感慨，美國的中國政策始終認為我們應走向美國的民主政治，對我們的政黨政治很不滿意。所以他們安排的人總是分三派，國民黨、反國民黨、自認開明的學者但其實也是偏向黨外的，所以溝通談話的氣氛基本上幾乎都是對我們不利的。」關中說，尤其他在處理黨外溝通期間，與美方的接觸更頻繁了，甚至會派專人每個月來做深入的訪談，要了解更多的情況，他都會在合理的範圍內做友善的說明，但絕對不會自失立場。

接著說到重點，關中表示在最近一次，是美國在台單位來省黨部看他，其中有位他在美國唸書時的同學提到江南事件，居然要他發表對政府的批評與江南事件的不當，被他當場拒絕，並且嚴正地對他們說這樣很不得體，「所以後來他們想要再與我連絡，我都拒絕。最後報告主席，我在地方黨部工作，最重要的是組織發展、地方動員，跟外國人接不接觸，對我不是那麼重要。」

蔣經國聽了以後點點頭說：「很好，你處理得很好，那我就放心了！本來有這種訊息，我以為你故意排斥他們，讓他們產生不滿……你這樣講，很好。」這件事就此告一段落，對關中來說，這一次美國人對他的「策反」，也令他留下了「當我們發生事情時，他不是來幫忙，反而是火上加油」的印象。

關中對江南案的內情並不了解、也無從了解，而就他的認知，其中的關鍵人物應該就是蔣孝武，「但我不相信蔣經國會授權他兒子去做這些事」。蔣孝武在當時跟軍方的關係非常密切，尤其是國安局；以當時的國家體制，安全局長等於就是總統的鐵衛隊長一樣，局長不但要跟著蔣經國出去，保護元首的安全，他和蔣家人平日互動信賴的程度，就像家人一樣這麼密切，「因此蔣孝武會利用他跟情治單位的關係去發揮影響力，我相信這是很自然的。」

關中說他能了解的也就像當時有人認為的，因為江南寫他父親的事，蔣孝武表達了不高興，甚至以他的個性，可能在喝酒後講些江湖式不滿的話，而軍方揣摩上意，然後以「為國鋤奸」為名找人去做了這件事；這種看法並不稀奇，但有意思的是關中補了一句「我認為十信案的株連打擊也是這些人在搞的……」

江南案發生後，竹聯幫的張安樂為了自保，咬住是蔣孝武幕後指使，蔣經國在外有美國壓力，內有黨外的挑戰下，焦頭爛額之際，只得決定將蔣孝武外放新加坡避禍。

當年蔣家的兩位公子，老三孝勇相對沒有那麼活躍，只是跟同年紀的商界第二代吃飯來往，但老二孝武跟李登輝、軍方將領則是來往密切，尤其是跟李登輝關係極好。關中剛調任北市黨部主委時，時任市長的李登輝先在台北中山北路的日式餐廳吉兆亭為他接風，不久之後，又在徐州路官邸正式邀宴請關中吃飯，裡頭就有蔣孝武在座，觥籌交錯、談笑風生之間，看在關中眼裡，當時李蔣二人關係可謂buddy buddy，麻吉得不得了。

關中那時在黨務系統中正受到蔣經國的提拔器重，蔣孝武對他自然也是親近友好，極力拉攏，但關中頗有自知之明，自認並非官宦人家出身，也沒有什麼特殊背景，覺得自己就是個書生，踏入政壇完全是因緣際會，所以跟所謂的皇族權貴保持距離，如果有請客吃飯的場合也是禮尚往來而已，絕不過分親近。

一九八八年蔣經國過世，蔣孝武次年成功安排李登輝以總統身分訪問新加坡，獲李登輝調升為中華民國駐日代表。一九九〇年二月，李登輝提名李元簇搭檔競選中華民國第八任正、副總統，引發部分擁有投票權的老國代們不滿，決定徵召林洋港與蔣緯國搭檔，以林蔣配挑戰李李配。時任駐日代表的蔣孝武發表了一封〈致國民黨諸領導同志的一封信〉，批判黨內同志：「黨不黨，政不正，有選票卻無民意。」回台後並表示，他的父親生前曾公開宣示：「蔣家人不會再參與政治！」

蔣孝武後在一九九一年七月一日在榮總猝逝，年僅四十六歲。

第六章

督戰全台意氣飛揚，風生水起戰績彪炳

《明天會更好》驚動蔣經國，空前絕後的情境文宣

「輕輕敲醒沉睡的心靈，慢慢張開你的眼睛，看那忙碌的世界是否依然孤獨地轉個不停？春風不解風情，吹動少年的心，讓昨日臉上的淚痕，隨記憶風乾了。抬頭尋找天空的翅膀，候鳥出現牠的影跡，帶來遠處的飢荒無情的戰火依然存在的消息；玉山白雪飄零，燃燒少年的心，使真情溶化成音符，傾訴遙遠的祝福……唱出你的熱情，伸出你雙手，讓我擁抱著你的夢，讓我擁有你真心的面孔。讓我們的笑容，充滿著青春的驕傲，讓我們期待明天會更好。」

當你正讀著這首溫暖勵志，充滿正能量的歌詞時，相信那明亮優美的旋律，一定也在你腦海中迴盪不已，勾起無限回憶；乘著歌聲的翅膀，即使經過了三十五年，《明天會更好》這些熟悉的音符，依舊穿越時空世代，清晰地烙印在許多台灣人的心中。

一九八五年問世的《明天會更好》，這首歌由羅大佑作曲，陳志遠編曲，羅大佑、張大春、許乃勝、李壽全、邱復生、張艾嘉、詹宏志等人作詞，堪稱是華語流行樂壇史上最成功的公益單曲，不僅是空前的里程碑，也可能是絕後的經典，因為後來陸續仿效的各種群星大合唱，無論是規模、創新度、製作，乃至口碑、影響力，都無法相比，幾乎已成絕響。雖然這首神曲大家如此熟悉，但如果爆出背後促成這首歌的內幕緣由，竟然原本是和「選舉」有關，而且也形成了微妙的效果，恐怕知道的人就少了。

一九八四年非洲衣索匹亞發生飢荒，為援助饑民，美國樂壇以稍早英國群星合唱的Do They Know It's Christmas公益單曲為藍本，由流行音樂之王麥可．傑克森發起，邀集四十五位當紅歌星組成USA For Africa，在一九八五年二月推出了由麥可．傑克森和萊諾．李奇共同譜寫的歌曲《天下一家》（We Are The World），專輯版稅捐作賑災用途，迴響極為熱烈，並募得巨款，流風所及，世界各地多有仿效者。

此時遠在太平洋彼岸的台灣，四十五歲的國民黨台灣省黨部主委關中，正為年底的縣市長大選而發愁傷神著。一九八五這一年，對長期執政、內外交逼的國民黨來說，絕對是多災多難的一年，震驚海內外的江南案，才在去年的十月發生，這一年二月，撼動政經結構的十信案跟著爆發；其他包括毒玉米、餿水油、水災、礦災等民生事件的衝擊，一連串的經濟犯罪也在這一年來湊熱鬧，搞得國民黨一個頭十個大，在天怒人怨的絕對頹勢下，面臨年底縣市長選舉的挑戰。

不只如此，一九八五年底的縣市長選舉，也是戒嚴時期最後一次的地方大選，距離民進黨創黨還有一年、解嚴尚有兩年，政治大氛圍是浮躁夾雜著希望，苦悶交織著興奮。這種種訊號，都讓國民黨感受到「這年底的選戰怎麼打啊」的危機意識。

「選舉在宣傳主題上的造勢，必須知己知彼、先發制人，國民黨過去在選舉文宣上一向處於被動挨打，這次一定要創造出一個活動，讓人民深刻有感，對未來恢復信心，效果要有連動性，造勢要一波波有節奏感，持續到選前達到高潮。」關中決定延續一九八三年在台北市的「七喜」勝績，讓文宣的效果與氣勢繼續在這次的縣市長選舉發光發熱。

這個計畫交給了省黨部的台北辦公室，位於福華飯店旁的「仁愛小組」負責規劃執行，小組成員有趙少康、郁慕明、李勝峯、邵玉銘、林登飛、劉炳森、吳之敬等人，負責聯繫的是關中主委的祕書許天祥。經由關中和小組成員討論後，確立了「今天也許不好，但明天會更好」，要帶給民眾希望，足以振奮人心的文宣基調，而競選口號就是「要一個更好的明天」，表現手法則是仿效《We Are The World》推動《明天會更好》這首歌曲的計畫。

仁愛小組幾經討論，也決定打破黨部傳統保守的成規，合作對象以當時最具批判性的樂壇新銳羅大佑為上上人選，因此，仁愛小組找上了當時羅大佑的女友張艾嘉，請她擔任這個活動的總召集人。

當然，不可能以競選歌曲的理由來說服羅大佑創作這首歌，經過多次的磋商折衝，最後決定以一九八五年適逢台灣光復四十週年，隔年一九八六年是「世界和平年」、「群星為公益而唱」的形式，呼應世界和平年的主題，並紀念台灣光復四十週年，而創作《明天會更好》。

《明天會更好》匯集了台灣華語流行樂壇近六十位一流頂尖的音樂人通力合作，其中不乏許多實力與銷量兼具的當紅歌手，光是能將當時滾石三大天后陳淑樺、齊豫、潘越雲，飛碟四大天后蘇芮、蔡琴、黃鶯鶯、王芷蕾「喬」在一起合唱，幾乎就是不可能的任務。其他知名的男歌手還包括余天、李宗盛、李建復、洪榮宏、王夢麟、費玉清、齊秦、童安格等人。

根據羅大佑本人所說，這首歌是他在美國完成作曲，至於歌詞部分根據當時參與的創作人回憶，因為羅大佑原來的歌詞版本被認為「主題意識過於灰色消極」，不能全盤採用。錄唱前夕，主辦單位邀集羅大佑、張大春、許乃勝、李壽全、邱復生、張艾嘉、詹宏志等人共同作詞，以羅大佑的版本為主，逐句修潤，才共同改成最後的歌詞定稿，趕上送進群星大合唱的錄音間完成。

專輯製作單位以「明天基金會籌備會」的名義，邀集台灣當時最知名的包括飛碟、喜瑪拉雅、新格、歌林、滾石、鄉城、寶麗金、麗歌等唱片公司參與這張專輯，並由各家唱片公司競標發行權。最後由「藍與白」唱片公司獲得發行。

省黨部在歌曲錄製完成之後，擬具宣傳計畫，交給當時擔任中華民國廣播電視事業協會理事長的蔣孝武，請他協助推廣，這個計畫才輾轉交到中央文工會的手中，時任文工會主任的宋楚瑜，顯然對這首歌曲頗有意見，以歌詞寫實地描寫社會灰暗面，認為不適合用作選舉形象歌曲，大大地挫了省黨部的銳氣。

不僅如此，對關中如此重視文宣造勢，當時的黨中央祕書長馬樹禮也不以為然，他找來關中說：「你搞這個幹什麼，日本國會議員選舉一張海報就可以了，選舉還是靠地方基礎、派系動員才有用。」長官如此看法，關中心裡真是有苦說不出，心想國民黨就是這樣才一步步衰退下去，因此向馬力陳，今後如果不能掌握社會脈動，打動民心，選舉會很吃力、很難選贏。馬樹禮聽不進去，又對關中說：「聽說你在搞一個歌曲？選舉好好選，又不是搞什麼演藝事業，不要譁眾取寵，學黨外搞那些花招。」

後來連蔣經國都把關中找來問，一開始先客氣談些別的，然後就問聽說你最近在搞一首叫《明天會更好》的競選歌曲，「好像抱怨現在很不好，這樣妥當嗎？」向來直言不諱的關中，也毫不退縮地回說：「報告主席，最近發生一連串的水災、礦災、十信案、江南案、毒玉米、餿水油……百姓會覺得現在好嗎？」蔣經國並未吭聲看著關中，關中又理直氣壯地強調文宣、造勢的重要性，以及必須要面對現實，解決問題，在黨外批判攻擊政府與國民黨時，及時扭轉局勢，適時重建信心。「我們承認今天不好，可解釋是很多因素造成，但是透過大家的努力奮鬥，為的就是更好的明天，今天也許不好，但明天會更好。」

蔣經國聽完後，只是點點頭說：「好吧，我知道了。」對關中來說，蔣雖沒肯定說好，但也並未阻止他，這就等於默許了。剩下的就是和馬樹禮如何妥協的問題，「馬還是非常堅持不准搞，但我也很有韌性，倫理上我尊敬他，就事論事、適可而止，不會搞得難看，每次就不了了之。」，最後關中只好折衷妥協：「現在如果要停，有些可停，有些不行，比方光復節辦盛大公開記者會，這是我們辦的，現在還有一個多月，這個可停；但發行唱片、電視上打歌宣傳已簽了約，沒法撤回……」最後妥協各退一步，記者會不公開辦，但其他照舊，因此宣傳也相對變小了。

由於馬樹禮和文工會的反對，致使原訂十月二十五日推出紀念台灣光復四十週年的計畫落空，而其他電視廣播配合的計畫也大都延宕。但省黨部以已經跟唱片公司簽訂發行合約，無法收回為由，而轉由民間單位自行推廣，沒想到一推出後即大受歡迎，專輯在短短幾個月內便在台灣、香港等地售出二十五萬張以上，成為公益歌曲的典範。

《明天會更好》自此廣為傳唱，從公益活動、娛樂表演到一般人的KTV點唱，都是極受歡迎的熱門歌曲，當然也包括了在許多競選活動中的合唱播放或背景音樂使用。

可能因為上述的幕後轉折，以致對這首歌的出處緣由，後來各說各話，其實，從關中的角度來看，國民黨負責輔選行銷，就是因為國民黨形象不夠好，所以出錢出力，製作激勵人心凝聚社會正能量的競選歌曲，有何不可？但就藝術家、音樂人而言，因為不願沾染政治色彩，因此極力撇清，也無可厚非！

陰錯陽差的是，這首歌發布時如果是由國民黨掛名製作，或是過度強調競選意味，能否有後來的受歡迎度與影響力，恐怕就未必了；正因《明天會更好》的詞曲全無任何政治或選舉的指涉，所以才能在自然自在的情況下受到大眾的喜愛，不僅在當年的選戰時，無形中成為「情境文宣」的經典之作，帶給那時代台灣人希望與信心，也始終溫暖每一個世代年輕人的心！

一首歌曲，能帶來這麼多美好的共同記憶，又何必管它當初是為何而作呢？在《明天會更好》的旋律中，時光的帷幕緩緩拉開，鏡頭從一九八五年選戰的喧囂場景，開始穿越……

番外篇一

二〇一一年元月發行的《印刻文學生活誌》刊載羅大佑與龍應台的對談紀錄中，羅大佑表示，答應了寫歌工作之後，才知道中國國民黨中央委員會原本想就地利用此首歌曲作為該黨的選舉歌曲，當下有「被騙」的感受。

據筆者查閱，印刻生活誌二〇一一年一月號有一篇〈我的時代，我的歌——羅大佑VS龍應台〉，刊登羅大佑的說法，在此原文引用，也尊重作曲家的立場。

羅：我在一九八五年三月九日離開台北的時候，我想我所遭受的打擊可能比你更大。

龍：跟《明天會更好》有關？

羅：《明天會更好》本來就是場騙局。那人跟我說為了慶祝台灣光復四十年，我說，我已經離開台灣一段時間，所以只負責譜曲，請另外找人填詞。我還記得，當時四十個藝人已經在錄音室準備，前一晚我和邱復生在飯店弄歌詞搞得人仰馬翻，當時，我剛知道原來國民黨年底競選口號就是「要一個更好的明天」，當我發現上當時，所有人都已經來不及撤出了。

龍：意思就是你幫國民黨寫了宣傳歌？

羅：對。但是好在我保留了一句「胭脂沾染了灰」，這句差點被刪掉，內部鬥爭了好久。我說，人生如果只有光明沒有黑暗，你永遠見不到光明面。所以，保留了這幾句，讓我覺得人生還是對得起自己。

番外篇二

二〇一九年滾石唱片公布羅大佑《明天會更好》的原版歌詞，歌詞內容與現在傳唱的版本幾乎完全不同，內容充滿批判與沉痛的敘述。大家可以將兩個版本的歌詞相互比對玩味，或會有一番新的評價與反思。

羅大佑原版歌詞：

輕輕撫摸麻木的身體無奈閉上你的眼睛
這個荒謬的世界依然黑白不分的轉個不停
春風已解風情刺痛少女的心
那舊時撕裂的傷痕 永不會愈合了

抬頭尋找夜空的繁星 天際閃現一絲蹤影
傳來喜瑪的高原千年的冰雪漸漸消融的消息
黑夜熱淚滾落灼痛少女的心
讓憤怒語化為音符控訴無恥的謊言

嘶啞著你的咽喉 發出一陣怒吼
讓我們撕碎這舊世界
讓我們重構美麗新世界
讓我們的淚水 淹沒這卑鄙的靈魂
為蒼天獻上虔誠的祭品

誰能離開自己的家園 拋棄世世代代的尊嚴
誰能忍心看那昨日的小丑 帶走我們的笑容
青春墮入紅塵雙眼蒙上了灰
讓久違不見的淚水洗滌受傷的心靈

日出依舊寒冷 大地雜草叢生

讓驟雨鐘出的音響 譜成命運的交響
嘶啞你的咽喉 發出一陣怒吼
讓我們撕碎這舊世界
讓我們重構美麗新世界
讓我們的淚水 淹沒這卑鄙的靈魂
上天保佑明天會更好

大刀闊斧改革，蔣經國：有事辦不了，直接來找我！

關中在一九八四年上半年調任台灣省黨部主委，這當然是對他工作表現的肯定和器重，也是他黨職生涯的更上層樓，而賦予的權力與責任都加重了，代表著今後的挑戰也將更為艱鉅。他所面臨的第一個重大任務，便是隔年年底將進行的縣市長與省議員選舉規劃和輔選。

關中上任後的第一步，就是先穩住組織工作，全面了解基層，勤於拜訪地方，積極建立各種關係脈絡；「頭半年我就是馬不停蹄地跑基層，曾經在台南市一天之內就分別拜訪了七十七個地方人士，那時候黨部編制我有兩部車子，常常就是讓司機輪著休息，兩輛車子輪流載著我到處趕路跑行程，常常就是睡在車子裡趕路，一個禮拜睡在宿舍裡不到一天……」

沒多久，關中便發覺比起台北市黨部，省黨部的條件與特色有很大的不同，前者在工作上的設計、指揮與執行，是融為一體的，北市黨部下轄的十幾個區黨部，主委可以和他們天天直接見面，但省黨部下面有二十一個縣市黨部，編制、階層、範圍、事務都龐雜太多了，所以要先從各縣市、各鄉鎮，再到農、漁、水利、工商等社會團體一一跑過，就花了他相當長的時間與精力。

儘管如此，關中卻認為他反而好做事多了，因為在台北市的時候「可以管我的人太多了！」他笑著說：「在台北市黨部時，常常從中央黨部、行政院、中常委、甚至黨國大老來問這個、關切那個，每天電話接不完……到了省黨部，不敢說是天高皇帝遠、獨立王國，但是我到了這裡，反而感覺能夠好好做事，可以揮灑的空間更大！」

而且關中馬上就發現，省黨部的物質條件非常充裕，「當時我找了第一組總幹事來問，才知道省黨部編列的經費簡直是天文數字，因為國民黨的經費是根據黨員所屬人頭來算的，當時全黨經費起碼有三分之二以上是編在省黨部。」由於此時關中又想起他調任省黨部主委時，蔣經國曾經對他耳提面命的一段話：「你到了省黨部，就是全權負責整個黨在台灣省的黨務工作，其他人的意見你不要隨便聽，自己要有主見，做自己該做的事，有什麼問題或困難辦不了，就直接來找我。」

有了這句話，關中就更有底氣了，於是他打蛇隨棍上，由於省黨部編制上只有兩位副主委，他想把陳炯松也帶過來好做事，便向祕書長蔣彥士要求再增加一位副主委：結果蔣彥士馬上回他「這怎麼可以，人事編制就是兩個人……」關中拜託蔣彥士向主席爭取，但蔣彥士還是說不行，關中只好直接向蔣經國報告，蔣經國立刻應允。

「這件事讓我相信，經國先生對我是高度信任，而省黨部可以說是編制龐大、經費充裕、充分授權，後來我更慢慢了解到，在兩蔣時代，在黨中央的組工會和地方的省黨部，一定是任用不同派系的人，這是為了互相牽制，避免他們關係過度親密，權力過度集中。」言下之意，關中已進一步掌握到高層權力的奧祕，懂得如何在其間巧妙運用、趨吉避凶。

從事黨務以來，「訓練」一直是關中非常有興趣的重點工作，事實也證明這個堅持對他後來的工作幫助很大。那時國民黨有十幾個特種黨部，從電信、航海、公路、鐵路、金融、知青等等無所不包，編制上是直屬中央與省黨部平行。像生產事業黨部是附屬於經濟部之下，下面還有十大國營企業，有的黨部看似很大、其實很空，而且特種黨部的主委和書記長，都是很資深的黨工，做到頭後因為沒地方去才安置到此，算是酬庸或尊重。關中發現，這些附屬於部會等行政機關的黨部，本身平時都沒有辦什麼活動，所以這些機關辦活動時，都只是跟著去湊熱鬧，跟地方完全沒有關係，等於是脫離地方的「特殊」黨部。

「過去特種黨部理論上是機關黨部，和地方黨部沒有關係，但是我問你，機關黨部和地方黨部如果沒有結合起來，選舉期間怎麼發揮加乘的效果？」所以關中在台北市黨部時就曾經跟中央建議過，結果被刮了一頓鬍子；到了省黨部他又重提應該廢除各種特種黨部，把黨員全部歸到地方黨部，落地生根，就像改土歸流般讓特種黨部虛級化，但仍保有其待遇、福利才不會遭到阻力；「我希望把特種黨部變成地方黨部，或者將這兩者合併，保留特種黨部名稱，但黨員到地方黨部參加活動。」

為了解基層黨部的實際狀況，關中在北市黨部時曾經親自到大安區擔任小組長，體驗小組開會的實況，第一次開會時出席情況很不錯，因為主委親自來當小組長，吸引力大增，結果過了幾個月，果然又變回小貓兩三隻，出席冷清清。關中認為小組平常要有活動、才有吸引力，不然到了選舉時再去動員、花錢，存在意義不大，除了第一次很熱鬧，後來又恢復原狀，這個實驗等於是失敗。

靠主委號召也沒用，於是關中思考任何團體要存在的話，一定要有具體的目標、內容、還有誘因，如果什麼都沒有，他來幹嘛？扶輪社、獅子會為什麼那麼熱絡？因為有信仰，如今這樣表示國民黨已經沒有信仰，這樣做黨務工作滿可悲的。「我總以為我帶頭跑，大家就不敢懈怠，這樣黨的基層就能活化起來……」關中說結果似乎並非如此，一度令他很煩心。

既然在省黨部有這麼好的條件，關中開始全面強化組訓與文宣，而且積極與特種黨部進一步結合，首先是開辦訓練營，讓大專院校優秀研究生加入，並與知青黨部結合引進更多年輕人才。緊接著是調訓專職黨工，每次選舉就是一次作戰，不能懈怠，要與時俱進、強化訓練，增加戰力。那時各種黨外雜誌蓬勃發展，批判攻擊國民黨的火力兇猛，每次到地方去常有基層黨工抱怨中央反應無力，建議應該有所因應作為，讓黨員了解問題，也能適時澄清或反擊。所以關中把此項任務交給李勝峯（政大講師，後任立委）來辦，將原來的機關刊物《雙十園》改版強化，大幅引進年輕的研究生編採寫手，每週提供最新的政情分析與地方動態。

「那時資源多麼充沛，所以我常覺得人生在世，當你有機會可以做事，有這麼好的條件不好好去做，卻在那明哲保身、多一事不如少一事，實在太可惜了……我不是那種個性，我是抓緊機會大幹特幹！」關中說，在一九八五年選前，包括組訓、文宣和各特種黨部都建立起非常密切的關係，省黨部出錢辦各種自強活動，大家打成一片、不斷聯誼變成朋友，而這些組織以前都是不來往的，現在互動氣氛是非常熱鬧、生氣勃勃的，「那時我四十四歲，特種黨部書記長大概五十多，他們看我就像小毛頭，我在北市黨部時就想推動特種黨部虛級化，既然做不成就加強合作嘛……」關中說，如今時代變化，特種黨部早就淘汰了，只剩下黃復興這一個特種黨部，但跟他當初主張的一樣，黨員終究要回到地方，不在地方黨部是無法生根的，更沒辦法跟選舉結合。

關中把選舉的幾個基礎如基層、文宣、組織、訓練一一打好，由李勝峯來對黨工講授「攻打守辯」四種技術、四大要求，並針對黨外雜誌攻擊國民黨的問題逐一整理反駁，用漫畫、文字、圖像等等活潑的方式，透過《雙十園》對基層小組長展開教育訓練。而真正的訓練營又分成三種，分別是以各大學研究生為對象的文宣種子營、講師訓練的木鐸營、黨工訓練的鑼鼓營，透過辦訓練營，也不斷跟媒體界、學術界建立聯繫，很多有名的教授、媒體人士如趙少康、郁慕明、邵玉銘、王志剛等人，都曾是其中的講座，

關中在三年多省黨部主委任內訓練了二百五十多人，當時都分派到各候選人總部去進駐輔選，許多人後來分別到了學校、媒體、公關公司、會計師、律師界發展，出國留學的人也不少。直到關中離開省黨部後，彼此革命感情不散，每次聚會都還會有一百多人前來，大家就像開同學會般，碰到關中都還會叫聲「關老師」，所謂的「關家軍」也是由此而來。

許多種子營訓練出來的文宣人才，當年在選戰時分別到各縣市蹲點，一待就是幾個月、自己租房子、打理吃住，關中笑著說，分配到候選人那裡有時會被冷落，「我們要去做文宣，結果他叫我們幫忙包檳榔，哈哈哈……」有些地方型的候選人就是這樣，像他在台北市時叫候選人辦政見會，一場還補助五萬元，但有一些老議員卻拜託說他不要辦，因為他口才不好，辦了票反而跑掉。「我從以前的理念就一直是重視文宣、市場、區隔、訓練，到哪裡都一樣。哎，到省黨部時條件實在太好了，做什麼都得心應手！」關中臉上泛著神采、眼中閃著光芒回憶著，難怪他常說，在省黨部期間是他黨務工作最快樂、也最有成就感的日子。

總結起來，關中認為搞選舉有幾個原則，第一要知己知彼，了解敵我的強弱在哪裡，「黨外會說、會搞宣傳，這是國民黨的弱點，「我們要在這方面拿分很難，只能減少失分，但一定要做，不做會輸得更多。」第二要出奇制勝，若用舊方法打，早就被對手摸清了，要是碰上比你有實力、頭腦好的，一定會被對方釘死、把你票挖光、買光，這就輸定了；「所以一定要有一些對方想不到的做法、打亂對方布局，給自己增加致勝的機會。」

第三是如毛澤東講的集中優勢兵力，攻打關鍵地區，關中舉例像當年的台南縣，永康就是大票倉；台北縣那時二十六個鄉鎮市，「我們每天兵棋推演，計算人口決定勝負的七個重點區，三重、板橋、中和、永和、新店、新莊，佔了將近百分之七〇的選票，其他外圍淡水、三芝、石門、金山、萬里、雙溪等十幾個加起來也沒這七個的一個多。」關中再舉例說，當時台北縣二十六個區黨部又分兩種，甲級黨部配屬黨工十到十五人，乙級五到七個人，那時板橋人口五十六萬配屬十五人，雙溪人口一萬多人配屬六、七人，雙溪每次開出來勝負差兩百票，板橋勝負差兩萬票，人力部署完全不成比例。

再看這七個關鍵區，基本上從選民結構與投票行為來看，對國民黨有利的是新店與中永和，都是佔六成，對國民黨不利的是三重、新莊、蘆洲，多半會輸，板橋則是一半一半。「雖說這已是三十幾年前了，但選舉有些事是不太變的。真正關鍵兩個在板橋、三重，最後絕對不能棄守的只有一個三重，那也不太可能贏，因為歷史上國民黨從沒贏過，只能少輸，就會贏。」關中直言，其他地方都不重要，跑到累死了，票也都有限。

這許多數據，關中都是隨口揮灑，娓娓道來，如數家珍，可見他對當年選舉鑽研之深，心力投入之大。後來他把省黨部時期的記錄，結合歷次選舉結果，整理歸納出全台三〇九個鄉鎮裡的六十六個決定勝負關鍵區，這些分析資料都有託人交給繼任主席的連戰、馬英九，至於有沒有用得上就不得而知了。「所以選戰絕不能備多力分，有些人搞選舉搞得遍地烽火，二十一各縣市每個地方都重要、累得半死，又沒效果……」關中強調，他的原則是盡量單純化，這地方本來若可贏的話，千萬不要節外生枝換個人什麼的、沒事變有事，並舉例二〇一四年縣市長選舉，國民黨中央在基隆非要換掉黃景泰，黃或許操守有瑕疵，但沒有嚴重到不能選，導致原本穩贏的局面從此「綠化」至今難以挽回。

地方派系風雲險惡，上兵伐謀出奇制勝

浪人怪招力克施家班

山海夾殺擊敗陳水扁

張林合作拉下邱連輝

蔡明耀驕傲「烏話」失高雄

台灣實施地方自治以來的第十屆縣市長選舉，與省市議員選舉同時於一九八五年十一月十六日舉行投票，選出當時台灣省二十一個縣市的行政首長，這也是戒嚴時期最後一次的縣市長選舉。選舉結果除了宜蘭縣、彰化縣、嘉義市、高雄縣等四席由無黨籍（即黨外人士，民進黨在隔年九月始宣布成立）取得外，其餘十七席皆由國民黨囊括。

本屆選舉中，出現了台灣地方自治以來首位女性民選縣長高雄縣的余陳月瑛，首位女性省轄市長許世賢之女張博雅也在這次選舉中當選嘉義市長。

該次地方大選，是關中接任省黨部主委後的第一個大考驗，外界對國民黨的選情原本並不看好，選前黨內更是戰戰兢兢、不在話下，由於那時國民黨在地方政治結構上已是絕對多數，選舉席次沒少就算過關，若還能再多贏一、兩席，更屬難得的勝利；結果國民黨守住了十七個縣市，總體核算得失，比上屆還多贏了一席。

關中的基本原則是，現任者如評估能繼續當選的一定挺其連任，然後集中力量找新的年輕人打硬仗，因此該屆選舉省黨部提名的縣市長候選人平均年齡三十六歲，也創下了國民黨史無前例的年輕化紀錄。除了北高兩大直轄市未在範圍內，選戰幅員擴及當時全台十六個縣、五個省轄市，為了打贏這場大選戰，關中調兵遣將，分進合擊，《雙十園》文宣交給李勝峯、「明天會更好」專案交給劉炳森、並找來郁慕明、趙少康、劉樹錚、邵玉銘等以前他台北市黨部的老班底、老夥伴，成立謀略小組，一起激盪全台戰略與戰術策略；當初關中所訓練的文宣種子營部隊，也在他一聲令下，子弟兵們紛紛進駐各縣市選戰第一線。

如今很難想像，在那個時代，地方派系的分合是如何強烈影響選戰的勝敗，掌握政經資源的國民黨當時雖擁有大多數縣市的派系力量，但派系中人往往派性大於黨性；在越來越艱困的地方政權爭奪戰中，國民黨幾乎是成也派系、敗也派系，更常常受制於派系。每到選戰，有些派系中人表面是國民黨人，卻因對提名不滿或條件談不攏，就會暗中扯後腿甚至暗助對手。對關中來說，一方面既要展現選戰的新風格與能量，另一方面也必須「撩落去」，好好和地方政治的人情世故、利益協商打交道。

對於該屆選戰的結果，關中最得意的就是新竹市、屏東縣與台南縣的獲勝，最遺憾的則是高雄縣的落敗。「新竹市原來認為已經被打趴了，結果我們派去『浪人』許武勝當主委，也用怪招胡攪蠻纏猛打回去，候選人推出年輕形象好的任富勇，最後竟把不可一世的『施家班』打敗了。」關中說，在屏東縣原本也沒人想到能打敗邱連輝，結果也是透過策略運作，達成屏東張、林兩大派系大結合，最後大贏邱連輝。而那次陳水扁來勢洶洶跑回台南選縣長，「他在台北紅得不得了，我們陷入苦戰，當時山海兩派都要出來，胡雅雄和李雅樵協調不下，結果我們開放報准，山海夾擊，因為評估一派參選很危險，另一派不願合作，如果不開放，票會被拿走跑掉……」關中形容這是一個大險招，用兩派力量夾殺阿扁出局，絕對是選戰史上的經典，也因為那次選戰，他和無黨籍、當時為李雅樵全力助選的吳豐山成為好朋友。

提到高雄縣，關中說尋求連任的蔡明耀本來不該輸的，而且那時蔡所屬白派力量還滿強的，蔡當年才三十六歲，卻因為太驕傲，說了一句「要選有鳥的人」而敗選；而當時宜蘭縣提名的林建榮其實也不錯，但卻被許文政（宜蘭政壇大老、羅東博愛醫院創辦人，曾任縣議長、監察委員、總統府資政）給「搞壞了」。

新竹市在一九八二年升格為省轄市，首任民選市長施性忠先遭當局以貪汙罪判刑、停職，而於一九八四年六月舉行市長補選，施性忠在補選中捲土重來再度登上市長之位，又在一九八五年七月遭判刑定讞。本屆選舉中，「施家班」推出施性忠五哥施性融參選，最後敗給國民黨提名的任富勇。

「在我去省黨部之前，我們在新竹已經連輸三次，任富勇的口才並不好，只是個溫和憨厚、形象好的體育老師，那時初選制度雖然還未正式建立，但他一定也是經過黨員意見反映出來的。」由於施性忠的風格一向是古靈精怪，為了以其人之道還治其身，關中特別派去一名猛將許武勝（後來曾任增額立委）擔任市黨部主委，專門去對付施性忠，「以前主委都像個冬烘先生，許武勝留日出身，像個充滿草莽氣息的日本浪人，而且會打選戰，在地方上能夠大碗喝酒、稱兄道弟！」關中說，任富勇那次會贏，可說黨部的力量佔了極大因素。

在屏東縣，上屆選舉黨外的邱連輝與競選省議員的蘇貞昌聯合競選，造成屏東有史以來未有的黨外風潮，當時首次出馬的蘇貞昌更藉著「邱連輝旋風」，獲得大量客家票高票當選。本屆選舉中，國民黨為了拉下邱連輝及蘇貞昌，在縣長方面提名了「張派」的施孟雄，省議員五席中則提名了「林派」三人作為派系平衡。

縣長提名的施孟雄，年輕、高學歷且曾任墾丁國家公園管理處處長，出身技術官僚，形象清新，最後大贏六萬多票，擊敗當時黨外地位極高的邱連輝。屏東縣有張林兩派，上屆陳恆盛代表林派獲國民黨提名參選縣長，但因張派臨時倒戈而敗給邱連輝，本屆邱爭取連任，情勢很清楚，只有林派派頭陳恆盛願意放下恩怨，促成張林兩派合作才能拉下邱連輝。

「我就去找陳恆盛懇切地談，他也是個江湖味道、非常『阿撒力』的人，我們在一起吃飯喝酒、推心置腹，很爽快……最後他終於被我說服，說個人事小，黨外太囂張，這次於公於私非拉下邱連輝不可！」到底是怎麼談成的？關中說，經過誠懇深入地分析，陳恆盛雖不滿張派，但更不願邱連輝連任，而且陳的第一號大將簡明景已經幫他先爭取到張派省議員的合作，兩路並進，如此大局自然就成了。

台南縣可說是該屆地方大選中最富戲劇性的一役，國民黨能在驚濤駭浪中出險招取勝，堪稱經典的策略與戰術運用，後來也很難複製重現，此役也是台灣選舉常勝戰神陳水扁首度落敗，也是「唯二」的一次敗北紀錄（另一次是一九九八年台北市長連任之戰敗給馬英九）。

在形勢逼人的兩難情況下，國民黨最後選擇不提名，准許參與提名登記的「山派」

胡雅雄得自行參選，並特許未參與提名登記的「海派」李雅樵加入戰局。

在選戰過程中，陳水扁奇招頻出，當時在地方與媒體上引起極大轟動。公辦政見會中，在「中毒囉，咱的阿扁中毒囉」的呼聲中，他被支持者以擔架抬上台，指控遭到國民黨特務下毒。在演講中，他又蹦出「國民黨想用山派海派夾殺我，這就像左腳右腳夾卵趴（台語意謂男性生殖器），恁說這咁夾得到譙？」這類極度鄉土草莽又生猛的俚語，不斷掀起現場的滾滾熱潮。

最終陳水扁獲得十五萬多票排名第二，敗給李雅樵的十七萬餘票，此次雖然黨外陣營敗選，但也為黨外勢力在台南縣建立基礎，而國民黨陣營則因山海兩派的對抗，造成日後山派的式微，後來台南更成為民進黨「南方不敗」的鐵綠縣市。另外一提的是，選後陳水扁陣營在關廟鄉謝票時遇到車禍，造成妻子吳淑珍遭撞重傷，終生殘障。

在上一屆的高雄縣長選舉中，黨外陣營由前縣長余登發的媳婦余陳月瑛對上國民黨的蔡明耀，最後由蔡明耀當選，因此本屆為兩人的再度對決。國民黨將高雄縣視為「一級戰區」，投注大量人力與資源，現任縣長蔡明耀在四年內雖屢被批為愛出風頭、處事缺乏經驗、不容異己，但他以現任縣長之便，相對能以各種基層經費收攬縣內民心，原被認為勝選機率頗高。

但蔡明耀在選舉中卻因「應該投給有鳥的人」的失言，被視為針對余陳月瑛，引發選民反感與各界批判，而成為致命傷。最後余陳月瑛成功擊敗了爭取連任的蔡明耀當選縣長，成為高雄縣首位女性縣長，更開啟了高雄縣到二〇一〇年縣市合併，從黨外至民進黨一脈相傳至今的「綠色執政」。

關中解析當初高雄縣應勝而未勝之因，直指當時雖然白派很強、蔡明耀年輕氣盛、聲勢很強，但除了那一句「鳥話」，還是在於國民黨地方黨部太過保守。「依我選舉的作風，一定會考慮到對方最後可能有什麼行動，我要採取相對的措施，不管是抵制、反擊或先發制人，絕不能陷入被動，否則就會受困。地方黨部沒有謀略，每次都說會贏，跟著就懈怠了……」關中說他選舉信仰孫子兵法所謂的上兵伐謀，要破解可能的傷害，更要預防，先發制人，不能又自滿又怕事。

關中也認為把蔡明耀之敗歸咎於他那句「鳥話」，未免把問題太過簡化了。他認為主要還是蔡本身太傲氣，在白派裡不是很尊重派裡前輩，好比他在選舉那年年初農曆春節的初三、四時到高雄去拜年，當他給老縣長、白派大老們都拜完年，走在路上時巧遇蔡明耀也在拜年，「我就問他，縣長你有沒去和老縣長拜年？他說我還沒去耶，我心想我從台北都去拜完年了，你在高雄在地的還沒去？以他的輩分，第一個要拜年的就應該是老縣長，竟然還沒去？我看他那樣子根本不想去！」「為什麼會這樣呢？」我問。「他認為自己的力量就夠大了，你看看有這麼囂張的人！」關中當時就隱隱覺得不妙，回來跟黨部的人說蔡這麼年輕就這麼自大，實在太可怕了。

在宜蘭縣，黨外陣營由時任縣長的陳定南參選連任，陳定南任內被視為做事認真清廉又講效率，且口才極佳，工程發包管理詳細，親自跑遍工地，因此被認為連任並不意外。最後果然以近七成的得票率，擊敗國民黨提名的林建榮。

在關中眼裡，林建榮乃教育界出身，形象清新，又是現任宜蘭市長，原本足可一戰，實在不應該輸這麼多，但宜蘭國民黨最大的問題是，地方上另有一個「博愛黨部」，以羅許兩兄弟創立的博愛醫院為基礎，哥哥羅文堂管錢、弟弟許文政操盤，羅許家族力量很大自成一個「許派」，操控宜蘭政壇，被地方人士形容為「喊水會結凍」。宜蘭早年號稱「民主勝地」，黨外力量素有傳統，國民黨相對較弱，所以許派對縣黨部更是恃寵而驕。「每次選舉他們表面上都說會配合，但提名後如果不是他的人就會搗蛋，改支持他的人造成既成事實，吃定國民黨不能承受分裂的衝擊。」

關中說，許文政他們專門搞這種權謀，這次又來這套，縣長提名林建榮、省議員提名林明正形成一組搭檔，事先都講好了，他也都說沒問題，但等選舉開始後他又搞出另一個人參選省議員；林明正只好來告狀說許家支持另一個人，那我怎麼選？「許家對我們地方黨部多惡劣，縣黨部主委要跟他合作，他才幫你，不然就把主委搞走。」為此關中去找許家談，一開始許文政否認，溝通了半天，最後雖然沒有撕破臉，但關中還是當著面說了重話：「當初已說好的提名人選還要不要遵守協議呢？如果有人要破壞協議，導致選舉的失敗，事後我絕不罷休，一定把這個幕後的力量趕出宜蘭，除非這股力量能把我趕走！我話就講到這裡。」結果兩天後，許家暗中支持的那個人就撤掉了，林明正雖然當選省議員，但縣長方面國民黨還是敗了。

「所以一年多後許文政要爭取監委連任，我就是不提他，那時他黨政關係多好啊，講句不誇張的話，除了蔣經國，幾乎所有人都來跟我關說、寫推薦信，但我看透了許家的惡劣，一定不能讓他得逞，我絕不會提名他！」關中霸氣地說。

「所謂知己知彼、上兵伐謀、制敵機先，選舉事先一定要精算過，要因地因時制宜，面對不同的社會現象、趨勢、潮流，經過研究判斷後一定要有所作為；像宜蘭、嘉義我們是逆流而上、險中求勝，結果沒成功。新竹、屏東是全力以赴、攻堅猛打，達成目標。台南也守住，高雄是大意失荊州，因為白派不團結、主角也太輕敵。」關中感嘆，蔡明耀如果姿態低一點，白派就能更團結，因為白派老一輩對他的支持是心不甘、情不願的，「你看他對老縣長那態度……逢年過節、老縣長過生日，我沒有一次沒參加的，我每次碰到他都提醒他這一點，不知為什麼……他都跟我說你放心啦，他自信心太強了，該做的都沒做到……」

關中總結來說，選舉一定要料敵從寬，不要認為自己會贏很多，選舉就跟賭錢一樣，一翻兩瞪眼，到最後是沒辦法改變的。

民進黨創黨大進擊，蔣經國：朱高正為何拿下全國最高票？

關中在省黨部的第二個重大任務是一九八六年的立法委員選舉，這次選舉有兩大特別之處：一是戒嚴時期的最後一次立委選舉；二是民主進步黨組黨後第一次參與的選舉，該年九月二十八日民主進步黨宣布成立，但當時尚未解嚴及開放黨禁，而選舉是十二月六日舉行，因此參選的黨外立委仍只能以無黨籍登記參選，直至解嚴後才正式正名為民進黨籍。

該次選舉共選出區域立委五十五位、山胞立委兩位、職業團體立委十六位，合計七十三位，加上由總統遴選的海外僑選立委二十七位，合計一〇〇位增額立委。

民進黨在競爭最激烈的區域立委（台灣省、北高兩市、金馬）中，一舉攻下十一席，佔了總數的五分之一，在工業團體亦取得一席，一共獲得十二席，較上屆六席成長一倍。雖然國民黨連同不必改選的「法統老立委」仍佔有絕大多數席次，但民進黨這股來勢洶洶的新力量，立即在國會強烈引爆「逼退老賊、全面改選」的風暴，也將立法院帶入「肢體語言」抗爭扭打的新時期。

從民進黨在台北圓山飯店創黨，不到三個月的該年底就進行立委選舉，而爭取選舉最大的戰果，當然是關中當時最重要的工作，至於民進黨的組黨過程，他並沒有什麼特別的涉入或資訊；事實上，當年總統府機要室主任王家驊後來曾透露，連蔣經國都是直到民進黨組黨當天才知情。

說起來這也很正常，「我離開政策會以後相繼到市黨部、省黨部，當初我和黨外建立的那些關係，其實一個美麗島事件，等於把這些關係都打亂、打散了；因為那時跟我交往的人都坐牢去了，許信良又流亡海外，黨外當時取代的新人是受刑人家屬，但都是女的，並沒有特別的來往……」關中言下不勝感慨，而民進黨另一股新生的力量則是辯護律師，如陳水扁、蘇貞昌、謝長廷、尤清、張俊雄等人，基本上已經改朝換代，完全是一種全新的局面和人際關係。關中坦言，而且經過美麗島大審的交鋒，彼此立場不一樣，了解內情的黨外人士儘管覺得他當時很照顧美麗島家屬，但他們表面上都不會承認這點，還是認為他就是個「國民黨的人」，對外更是必須表態抵制他。

「像我當時到中南部很多地方，有些黨外人士的家屬見到我都是大叫『關中、劊子手』！甚至還說整個美麗島事件是我設下的圈套、讓整個黨外菁英毀於一旦……」關中無奈地說，家屬有兩類，一種是許榮淑、周清玉這種直接的家屬，跟他有淵源也有來往的，知道他當時是盡力在幫她們的都還好；但有些是晚一輩的像邱議瑩，一看到他都是瘋狂地罵，這是因為她的爸爸邱茂男也因美麗島事件被判刑。

在政策會專責與黨外溝通有兩年多的時間，在台北市黨部、台灣省黨部則分別有三年，任務是經營地方組織、打選戰，角色功能完全不同，正好說明了其間為何會引發黨外人士如此不同的反應。對關中來說，必須忠於職守，做什麼就要像什麼，而且要把本務做到最好，但他的競爭對手當然不可能也做如是想。「政策會時我是中間人、協調者middle man，我是代表國民黨，事實上我還要為他們爭取公平的待遇，所以彼此互相有利用的價值。但我到了地方黨部，面對的選舉就是要打仗嘛，所以他們創黨這件事我都沒參與，也沒人找過我商量，國民黨內也沒人找過我開會。」

「他們創黨時你訝異嗎？」我問。「也不會，這是遲早的事。」我又問：「當時會擔心如果政府鎮壓民進黨組黨，會導致你更不好選舉嗎？」「不會！」關中明確地立即回道，他從政策會開始，就常和經國先生見面談到黨外的事，「我都是從正面的講，民主政治發展一定會有反對力量出現，也必然會有組織性的串連發展，經國先生一開始好像還是不以為然，說組黨是不可以的……」「那時是什麼時候？」我追問。「我在政策會早期（約一九八〇年初）」關中說，蔣經國當時還講了個故事說，有韓國朋友來看他，力勸台灣不可學韓國允許反對人士組黨，搞得每次選舉都是暗殺、報復很動盪，目前你們這樣很好。

但是後來蔣經國就有了改變，「經國先生是一個很能體察時勢變化的領導者，他說時代在變、潮流在變，就是他內心的反應。像美麗島事件他的原則就是不能有死刑，這是他的政策指示，他在多方面吸收、他在變，而且我們的意見他聽得進去。」關中說，有時候他跟蔣經國話講多、講重了的時候，蔣會說「我不同意你的說法」，但過了一陣子，「他會主動跟我說，關中同志你上次講的，我回頭仔細一想，是有道理的，可以考慮喔。」因為那時黨外組黨是有計畫地推進，關中建議對黨外反對勢力應該有步驟、漸進至少要有限度的開放。那時在蔣經國心目中，關中算是國民黨的黨外專家，所以蔣後來跟關中談地方黨務時也會問他的意見，「我都是坦率的講，作為一個書生，不要去誤導元首決策者，他可以不採納，但不要昧著良心講他愛聽的話討好他。」

該年立委選舉在關中負責輔選的台灣省分成六大選區，屬於中選區複數選舉，當時最轟動的就是雲嘉南選區出了個首度參選就風靡全台，號稱「台灣第一民主戰艦」的朱高正。朱擁有德國法哲學博士學歷，渾身又充滿地方草莽氣息，口才犀利、爆發力強，所到之處萬人空巷，爭著聽他演說，成了該選區空前的超級吸票機。

「我們的策略是在選區內爭取最多席次，而不是搶第一高票，所以區隔配票、組織動員非常小心，絕不許有人過於高票而影響到其他人，區內若選八則提七、選九就提八，提名接近，高度冒險，但對方實力不只這樣，策略是把我們候選人的票盡量分配均勻，把對方的最高票盡量拉高，集中力量壓制對方弱的。」「具體要怎麼做呢？」我問。關中說，對方弱的就找個地緣關係相近者對衝他，對聲勢最高的放任他、讓他擴充。選舉結果，雲嘉南的朱高正、中彰投的許榮淑都是該選區最高票，但也都是唯一一席黨外，朱還是全國第一高票。

選後蔣經國約見關中，對選舉成績慰勉肯定有加，說著說著，蔣經國突然疑惑地問：「關同志你跟我解釋一下，為什麼讓朱高正拿下全國最高票？這個對國民黨多少有點不好看吧。」關中聞言立即回道：「報告主席，如果不讓他拿最高票，民進黨可能會多一、兩席，就是因為他一個人拿了三個人的票，所以在這個選區他們才只有一席，而我們多了兩席。」關中並一一分析了提名的策略與做法。蔣經國聽了不禁莞爾，點頭稱是，笑著說：「這個我倒沒想到這點，原來你們是這麼算的。」「報告，立委的席次更重要，再高的票到立法院都是一席，面子裡子要想清楚，而且也不能強求，必須順勢而為。」關中的回答令蔣經國豁然開朗，包括蔣經國指示因十信案而不提名、但要輔選的一些立委，也都在那次選舉中順利當選了。

監委賄選爭議逼關中下台

六次假投票摸透底，國民黨十二席全壘打
反彈壓力連蔣經國也擋不住

立委選舉結束才一個多月，馬上又迎來關中省黨部主委任內第三個、也是最後一個重大任務：監察委員選舉。這次不但也是解嚴前最後一次，而且是沿用舊選制的最後一次監委選舉；該次的監委產生方式，仍是由省市議會間接選舉、採二分之一限制連記法產生，後來則經過修憲，改成由總統提名，經立法院同意後任命的現制。

正因當時的間接選舉選制，屬於一種高度封閉的狀態，有投票權的「選民」極少，又是政商關係複雜、地方利益糾葛的省議員，因此選舉前後與過程中，一直充滿各種賄選買票的傳聞，關中也必不可免地捲入爭議，受到極大的傷害。

由於上次監委選舉在省市議會都出現跑票情形，致使國民黨黨中央大為震怒，所以嚴厲要求此次必須杜絕跑票，從省議員選後就開始規劃相關作業。在新當選的七十七名省議員中，國民黨佔了六十二名，其他是黨外。幸好當時省議會黨團書記、本身也是資深省議員的簡明景非常熟悉整體生態，關中向他請教求助，一起商量研究，針對省議會可選出十二名監委、每位省議員可投六票進行規劃，把所有票數算出後布局出前十二名進行輔選。

這是一套非常複雜的算票系統，連簡明景都說比起單記投票，要防止跑票在技術上更難防範。候選人由省市議員連署提名產生，當時國民黨雖是絕對多數，但黨部要跟每位議員個別達成默契，因為每個人都有他個人的政治關係、人情甚至包袱，既要部分滿足他，同時也要兼顧黨的需要，所以每天都得沙盤推演，估算票數變化。在得出最大公約數後，大家再取得共識，每位省議員可照其意思投兩票，四票則要聽黨的規劃，但那兩票須是國民黨的人。

最難的是如何判斷每位省議員不同的個別關係，除了要他們寫出心目中屬意的六票關係，還得個別約談、交叉調查才能接近真實；地方人士關係盤根錯節，包括金錢來往、親戚關係等，而選舉影響民代最大的就是金主，有意爭取監委的人都非臨時起意，早在省議員選前就下注、佈樁，關係一弄錯就會誤入叢林、一切規劃運作就白搭了。

「外界不了解我們內部作業的用心深入，我們一年內內部做了六次假投票，以確保配票的落實。」而且把六十多個黨籍省議員的家當底子、各種關係摸得清清楚楚，那時雖然沒有狗仔隊，但包括誰有小三、誰賭錢欠了誰多少錢、誰跟誰打牌、誰跟誰是有什麼恩怨，都要摸清楚。「真的？那這個怎麼用呢？」我問。「我們只能當成一個了解關係的親密程度，但不能當成一個話題，或者當面問，要做得很深入也很細緻，否則臉撕破了還搞什麼？」

在人選的提名與否之間，關中也有他非常堅持的決斷。「像現任監委許文政、台北縣的李炳盛，都是硬被我刷掉的！我就不提他們，因為有的人太不忠黨愛國、有的財大氣粗，擺明就是要來買票。」關中強調他提名監委有個原則，因為監委既然是間接選舉，應該是黨可以掌握的力量，可以讓誰當選、不當選，應該定要提名真正對黨有貢獻的人，「就算是酬庸，也要提名長期對黨、對地方有貢獻的人！」

「像許文政這種人反反覆覆，就算他上面的關係再好，我就是不提。因為他一個人，我幾乎得罪了國民黨全部的中央，從張群、張寶樹、李煥，每個人都打電話給我拜託，我一概不理。」關中擇善固執地說，以他跟許文政交手的經驗，許就是出爾反爾，表面上答應支持黨提名的人，暗中卻又搞出另一個人，對地方黨部主委的做法要就是收買，不然就幹掉，「這種人我為什麼要提名他！」

相對的，關中特別提名了屏東縣的陳恆盛，那時陳只是一個銀行的經理。屏東縣有張林兩派，一九八一年陳恆盛代表林派獲國民黨提名參選縣長，但因張派臨時倒戈而敗給邱連輝，八五年他放下恩怨，反過來幫助國民黨提名的張派人選而大獲全勝，「我就是要提名這種人！」當名單送上去時，黨祕書長馬樹禮不以為然地說，銀行經理有什麼好提的，關中則說了陳的貢獻功勞，馬樹禮說那給他升個銀行總經理、董事長就好了嘛；但關中堅持：「話不能這麼講，要看他對黨的貢獻，而不是看他職務的大小，於公於私，我都要報答他。」

另外關中也提名了桃園的李詩益，同樣也是因在一九八五年的桃園縣長選舉，李詩益有個特殊管道搓掉了黨外提名的候選人，使得國民黨未戰先贏，「黨外吃了啞巴虧，變成沒有候選人，黨外氣死我了，當時李詩益賣了我一個人情，我也要還他個人情。」

但關中也說，國民黨並不會那麼鴨霸，十二席應選名額原擬爭取十席，二席保留給其他黨籍，以示尊重包容。當時是限制連記法，當選要在三〇到三十五票之間，都是算出來的。當時省議會黨外人士有好幾個人在爭取，本身票不夠，「我說我們可以配合，當時他們有十五、六席，你們自己找十五票省議員支持，剩下不夠的票，國民黨來支持，取得提名登記，這樣一半一半，他們也覺得很合理。」

結果到登記前，黨外自己無法團結，沒有一人能湊足這十五票登記。在此情況下，黨團書記簡明景來問關中，黨外提不出人選該怎麼辦？關中反問你看呢？簡明景說「如果你信任我的話，有這兩席我來運用，票會開得更順暢，我另找兩個人，一個在地域分配上取得平衡，另一個在票源上可互相配合。」關中便將此事授權簡明景處理。「簡明景跟我說，監委提名這件事除了政策大方向之外，主委你最好少介入，因為這裡頭很複雜、是非太深了。」因此對簡明景對他的保護，關中十分感激。

結果票開出來，國民黨十二席全上，而且票數非常平均，當選者都在三十三到三十六票之間，在配票中精準掌握到中間票數，每個人自由投兩票，聽黨規劃四票，全部都照估算開出來。

國民黨雖大獲全勝，卻引得全國撻伐，黨外（民進黨）痛罵國民黨包山包海、吃乾抹盡、霸道無恥，連黨內也覺得關中未免做得太絕，當時的報紙更連番批判。關中認為，主要是上面的人也對他不諒解，覺得他們推薦的人他都不理會、配合，包括許文政，但他對許的行為無法認同，視黨為無物的人就是不能給他。而對李炳盛則有些抱歉，因為台北縣另有一個人選林榮三、要二選一。其實李炳盛的形象比林榮三好，但林在省議會的人際關係比李好，在六次內部調查中林都遠勝李，但李放話他都部署好了，可是沒辦法，李的省議會支持度票源不夠，若提他一定會跑票。這個就是現實。

當時賄選傳聞滿天飛，有說是好幾億都備好了等等……「所以我也放話說，有人如果買票，我省黨部絕對有能力讓你買的票腰斬、白花錢！」「那到底有沒有買票？」我問。「我坦白說，這種事情心照不宣，買票看你怎麼講，還有人說我在省黨部作莊、說我在省黨部開會，爭取提名的候選人捧了錢放在我辦公桌上，我收了錢就提名……簡直胡說八道！」關中說當時他問自立晚報的老友吳豐山為何要這樣寫，吳則笑著說：「我又沒叫記者這麼寫。」問記者，他說上面交代每天都要有黑東西才能交差，很抱歉……讓關中既憤慨又無奈。而他後來也對指名道姓罵了他收賄長達一年的《雷聲》雜誌提出控告，並讓該雜誌的負責人坐了一年牢。

「整個運作是由黨團書記在統籌，簡明景做得很漂亮，外界說那次是選舉史上最黑的一次、花錢最多的一次，但其實是選監委花錢最少的一次，因為每個人的利益都得到了照顧，所以他們額外的需求就會減少。」關中說如果這些人真有收買，平時就已經做了，比方有幾個很有實力的人，他所需要的票與樁自己早就打點好了，他在他們選省議員同時就已經照顧這些人，他們都答應當選後票要給他了，等於是已經先「提存」了。還有他們之間各種跨界、利益、交情、還有超派系等等錯綜複雜的關係，所以做黨務工作，就是要搞清楚這些事情，找對了人，問題迎刃而解，找錯人，反而越搞越糟。

關中坦言自己知道這些人彼此之間的關係非常複雜，但簡明景應該更了解、也可以掌握這些關係，「所以他才保護我，讓我能置身事外、避開爭議，否則我跳到黃河也洗不清。」關中說整個監委選舉他沒有經手任何一毛錢，也沒有任何錢是經過他手裡出去，不像縣市長、立委選舉，有些補助款是黨中央財委會發出來，然後經過他的手送出去的。而他做黨務工作，一向不大管錢的事，因為這有會計、出納處理，他主管政策大方向；關中也避免直接經手這些錢，除了有些對候選人有幫助的款項，而這些都有收據、核對等作業程序，選後三天之內就要報出去的。

監委選後一片撻伐之聲，「黨內外當時共同的認為我太霸道、太惡質、太囂張，媒體報導還用『據了解，黨中央某人說，關中他以為他是誰？他能代表國民黨嗎？』這樣的方式，不斷有人放冷箭中傷我。」

「那你當時怎麼不把實際情況好好解釋說清楚？」我問。

「這我怎麼能講！這整個作業協調過程，我從沒講過，到今天我才第一次說出來。」

「為什麼不能講？」我不解地追問。

「我為什麼要講？以後黨還要選舉，我講出來，以後變戲法就沒得變了。」關中指的是包括黨內先做了假投票六次才提出人選，以及當時先禮讓黨外、但他們自己卻推不出人等等過程，「我不能得了便宜還賣乖，把這些家當底子、戲法怎麼變的全都抖出來……」

作為當時負責地方黨務與選舉工作的領導主管，在規劃提名與輔選時，外界總以為他應該是呼風喚雨、享盡權力好處，想如何便如何，卻很難了解其中有多少不足為外人道的壓力與無奈，只能忍辱負重、默默承受。

在關中擔任北市、省黨部主委和組工會主任這些職務時，每次選舉，最後都會由他來向黨中央提名小組報告提名規劃名單，這時總有一些大老在這最後一關時，會對特定人選提出他們的看法主張，關中形容：「我就像個博士生接受論文口試，提出答辯說明。」他們會問某個人為何沒提名？又為何提名這個人？有一次，提名小組有位中常委跳出來為某個法界出身的人士爭取提名，說這人非常優秀，在黨員意見反映上的成績雖然稍差點，但以他的專長應該還是比較適合的，黨不必太拘泥等等。關中先是委婉地說明了半天沒用，由於他每次去報告提名規劃時，都會準備充分，帶著一大堆的資料卷宗，而且在每個重要頁碼處都貼好各種標籤註記，這時不得已也只好端出他的壓箱寶了。

關中對這位中常委大老表示，有關候選人各種涉及隱私的事情，黨部在提名考量過程中不會過度強調，「您說他在法界如何優秀，我這裡有份資料給您參考一下」，說著關中便當場從卷宗中抽出來給他看，大老看完後馬上表示他剛才講的話都不算數了。在不是當場針鋒相對，以事實作為基礎的情況下，雙方都保留了面子，也適切地解決了問題。

但過去已然在黨內結怨甚深，這次在監委選後更是反彈尤烈，新仇加上舊恨大爆發，當時外界壓力那麼大，幾乎一片皆曰可殺，關中是怎麼熬過來的？「其實我心中很平淡，這是必須面對的事，我完成了一個工作，黨交付的任務達成了，而且是超額達成，我問心無愧。對於媒體的批判，我心裡很清楚，因為他們不了解嘛，但我有苦難言，又不能開記者會、也不能私下說明，而且能說給誰聽呢？」關中淡淡地笑著說，這種事懂得的人就懂，不懂的講也沒有用，尤其跟媒體如果只跟一家講，其他家會罵死你，如果大家都找來講，等於開記者會；「所以我把這個黨務工作當成一個修行的工作，往正面的去想去做，一切就坦然無憂了。」

蔣經國約見懇談，過世前交付任務

從青輔會到組工會，起落間盡在不言中

蔣經國「三句話」訂下祕密默契

一九八七年一月監委選後，緊跟著就進行了一波黨政高層人事的改組，其中也包括省黨部主委改由原省府祕書長劉兆田接任，而早在人事令發布之前，蔣經國特別召見了關中。

「這是我這一生最值得回憶、也最安慰的事，經國先生找我去，我當然知道他應該會跟我談什麼，我是滿肚子委屈，也準備如果他問起來，我會一五一十把整個經過、作業都說得清清楚楚。」於是關中憋著氣但胸有成竹地就去了，結果他一坐下來還沒開口，蔣經國就主動先對他說：「關中同志，我今天找你來，我知道你可能有很多話要跟我講，但是今天我們換個方式，由我來講好不好？」

過去蔣經國跟關中的談話方式，大部分是蔣提一個問題，然後關講他聽，然後就是第二個問題，關再講完後蔣才表示意見。通常如果三〇分鐘的會面，關中約講二十五分鐘，如果長點五〇分鐘，關中會講四十五分。「經國先生話很少，就一個領導人來說是絕不輕易多話的。尤其不感情用事，他在我面前有流露情感的就那麼幾次，想到年輕時的快樂時光幹嘛的……那次他是真情流露，一開口就說，『一中，你讓我先來講吧。』

蔣經國這一說，足足就講了五〇分鐘左右，他先把國民黨的歷史、派系、黨內鬥爭、人事傾軋等等，對關中做了一番好像分析般的闡述，然後再說回到現在，表示這幾年來關中在黨內做的工作很不容易，這次監察委員選舉，就成績來講是成功的，但對整個黨和關中你個人來講，也會遭到很大的傷害，「因為各方對你的壓力與攻擊，超過想像，連我幾乎都抵擋不住……」

蔣經國看著關中接著說：「所以現在我要調整你的位子，但這不是對你的處罰，而是對你未來更長遠的規劃。過兩個月，政府的局部改組，我會讓你到青輔會去。」蔣經國還特別點出行政院青輔會主委這個位子，李煥、連戰都做過，這是一個跟海內外青年與知識分子結合的機構，也很重要，「你做了這些年的黨務工作，也該到此歷練一下。」言下之意是要關中先回學術領域，再做規劃安排。

此時蔣經國又笑著說，「但我現在還不讓你去，除了是暫時平息外界對你的抱怨，另外就是俞（國華）院長正在立法院接受總質詢，你知道俞院長口才不好，他應付這些民進黨立委已經非常吃力，如果現在發布你的新職，你再到立法院台上一坐，他們一定不會放過你，這等於給他增加更多困難。」這番話說得關中也笑了。一直不喜歡政治人物打高爾夫球的蔣經國，還很體貼地說：「你不是正在學打高爾夫嗎？藉著這段時間好好休息、打打球，先練練身體，外頭如果問你什麼也不要多說。」關中當然懂得蔣經國的意思是，先讓外界罵罵出氣一陣子，「你暫時忍一下，我們之間的默契都別講。」時隔多年，關中仍清晰記得蔣經國那天的講話內容、神態語氣和音容笑貌：「經國先生不是一本正經地講，而是笑咪咪地講，非常和藹親切，哄著我，好像怕我生氣的樣子，就像兒子在外遭受挫折，父親給予安慰鼓勵一樣。」

過程中，幾乎沒有關中講話的餘地，蔣經國還說：「我相信我講了這麼多話，你應該也沒什麼話要講了吧，哈哈哈……」臨別前，蔣經國一字一句清楚地說出：「關中同志，我送你三句話，我肯定你、我相信你、我支持你！」就是這三句話，關中感動至今，不敢稍忘，「這已代表了一切，台灣政治環境險惡，他認為我做了該做的事，在那個時代，他能跟我說這三句話，我這一生足夠了！」關中站起來一鞠躬告別，蔣經國也笑了，連說：「好好打球、好好打球去……」

蔣經國對關中的這番安排與栽培，可謂煞費苦心，先讓他好好休息三個月，而且把後續安排都先告知了，然後到青輔會去歷練一下，可以藉此結交很多知識分子、海外學人，為國家培養人才，到青輔會半年後又調回黨務體系升任組工會主任。

但外界和黨內並不知道蔣經國的這個安排，當三月黨政人事通盤調整案在中常會通過的那天，只有關中免除省黨部主委、並沒有發表新職務時，很多人都覺得驚訝，認為就算丟了官被打入冷宮，好歹也會有個事業單位董總做，怎麼會如此無聲無息「不見彈」了？會後很多人來安慰他說，將來會還你公道、以後一定會有安排時，關中都只是笑一笑回應，因為他完全不能講什麼。

令人感動的是，那天中常會後，父親關大成也聽說了兒子被「拔官」的消息，當天特別從香港趕回來，中午約了關中吃飯安慰他，「從前我升官時，父親總說這個黨如何如何好，這回我丟官了，他開始罵黨了，說這個國民黨就是這個樣子，根本不講道理！」關中望著氣呼呼為他打抱不平的父親，趕緊反過來安慰說其實沒那麼嚴重啦，「但我也不能講太清楚，到時我爸爸大嘴巴講出去還得了，我連我太太都沒講。」因為關中每次發布新職務時，太太都是看電視、看報紙才知道，所以他早習慣守口如瓶，絕對不講。

當年人事發布有一種叫「見光死」的禁忌，對媒體尤其是兩大報的黨政記者來說，能發出人事案的獨家新聞才是真本事，也最能彰顯媒體的權威感，但往往也可能因為報紙預報了某人新職，結果第二天中常會那個人事案竟然臨時就被抽掉了；而記者跑獨家與政壇的保密工夫，也就形成了很難有交集的拔河。

而令關中感動的還不止於此，當天中午他正和父親吃飯時，那時候還沒有手機，飯店突然有廣播叫他去接聽電話，是黨祕書長馬樹禮打來的，只聽馬樹禮氣急敗壞地說：「你跑哪兒去了，我找你找了半個小時……」「報告祕書長，是什麼事情？」「哎，你可把我急死了，我打遍了好幾個飯店……經國先生開完常會後交代我，今天發布人事命令後，關中心情一定不太好，你要打個電話給他，告訴他不要忘了我跟他講的話！」關中沒想到蔣經國竟然這麼體貼地為他著想，心裡一陣熱流湧過，再看著眼前頻頻安慰他的父親，雖然其中的「默契」說不出口，但心中覺得人生真是太奇妙也太溫暖了！

關中在八七年一月底離開省黨部後，有三個月的空檔去休養打球，一月底蔣經國召見關中慰勉有加時，感覺他思慮清晰、講話順暢，身體狀況都還挺正常的；但在四月到十一月這半年多關中到青輔會的時間，蔣的身體開始明顯變糟。八七年十一月他和陳履安參加海外國建會，在洛杉磯準備轉機加拿大時，都已經進了飛機艙內，突然地勤人員通知他有重要電話，是李煥打來：「經國先生急著見你，趕快回來！」關中馬上下機取消行程趕回來。

十一月十五日蔣經國在中央黨部主席辦公室單獨召見關中，「經國先生坐在沙發上與我講話，當時他的身體狀況已經很不好，整個人看起來身上是浮腫的，說話也有氣無力，中間講到一半上洗手間時，我看他一個人站起來，提著褲子走進去再出來，舉步維艱的樣子，讓人看了很不忍。」

這也是關中最後一次單獨見到蔣經國，雖然身體狀況很不好了，但那次蔣對他的工作卻交代得非常明確，頭腦也十分清楚。蔣經國開頭便說：「關同志我決定請你回來擔任組織工作會主任，你經過這麼多年黨務基層的歷練，黨需要你這種人來推動黨的組織工作。」接著就是一番鼓勵有加。其實在蔣經國找關中回來時，他已心裡有數，而且李煥也先告知了蔣的意思。

關中一開始先是表達了婉拒的意思，表示謝謝主席的愛護與信賴，「但這不是我個人意願與否的問題，而是這樣對黨好不好的問題。」蔣經國問為什麼他會這麼想？關中解釋：「因為每一次選舉都像一次作戰，為了提名問題，黨內常常會發生爭執甚至分裂，這六、七年來我從事的是調和矛盾的工作，對黨務工作來說是希望得到整體最好的成果；但多數人考量的是自己，這中間便產生了很多衝突，即使我對黨有所貢獻，但對個人而言卻是極大的耗損，也造成很多人的不滿，這樣長期累積下來，利害相權之下，對黨也是不好的。」關中接著說，如果現在他又回到黨的組織工作，外界會覺得當初他離開的原因似乎並未消除，「怎麼那麼快就又回來了？」

蔣經國聞言立刻回道，「不不不，關中同志，你有所不知，我這次要你回來接組工會，主要的不是為了選舉，這方面交給地方黨部去做，你監督就好了；我是要你進行之前我們所談過的黨的革新工作，明年七月黨要召開第十三屆全國黨代表大會時，我希望你能提出振奮人心、脫胎換骨的革新方案，所以你剛剛說的那些顧慮並不是重點。」

原來蔣經國還有這一層心思構想，這當然也是關中極感興趣的重大任務，而且蔣經國強人個性，他的話就是命令，這項工作當然非接不可，而關中也確實感覺得到蔣經國對他的善意與期望，隔天黨中央隨即發布關中為組工會主任。這段期間的中常會，蔣經國只來了兩三次，最後一次來時，他坐著輪椅被推進來，主持會議時頭都抬不起來，整個人幾乎是趴在桌子上講話。當天邱創煥中常會後走過關中身邊還對他說，主席這樣的身體真的很讓人擔心。雖然大家都心知肚明，但總覺得他有這麼好的醫療團隊，雖然是嚴重的糖尿病，但應該還可以再拖個一陣子，不料這麼快就走了。

八七年底召開的國民大會，蔣經國應邀去致詞，民進黨團對他舉布條抗議、要求修憲總統直選；關中哀戚地說，當時鬧得很兇，蔣經國在台上表情木然，那個場景給他很大的打擊，對這樣一個風燭殘年的生病老人，看了實在很淒慘，「我感覺他在過世前的心情與體力都很糟糕，最後竟吐血猝逝……」從蔣經國召見關中委以新職、交付任務，不到兩個月的時間，隔年的一月十三日蔣經國就過世了，也來不及看到十三全大會的召開。

接任組工會主任時，關中成為黨祕書長李煥最親信的搭檔，兩個人合作無間，共同執行了國民黨的許多工作。蔣經國過世，李登輝接任主席後，雙李二人每週一上午十點在總統府會見談事，討論與交辦，李煥回來後就找關中承命受記，一一執行、起稿或連絡交辦。當時關中所上的公文都要先經過副祕書長宋楚瑜，李煥的過度重用關中，也埋下了後來宋關芥蒂的伏筆。

第七章

主流非主流政爭翻騰，李登輝新時代來臨

破解政爭五大關卡變化，十三全中央委員結構、排名大洗牌

李登輝立起牌子玩排名遊戲
郝柏村為俞國華慘跌怒嗆李煥
打開潘朵拉盒子竟引入黑金？

「二月政爭」又稱「主流非主流政爭」，指的是一九八八年一月十三日蔣經國逝世後一連串中國國民黨黨內及政治圈的權力鬥爭；雙方主角分別為以當時繼任中華民國總統、國民黨主席的李登輝為首，本省人為主的「主流派」，以及郝柏村、李煥等外省人為主的「非主流派」。其中所謂的省籍陣營劃分，其實只是概略之分，並非絕對，而主流非主流的對抗一開始只是民主程序之爭，但後來卻變質為省籍矛盾，加上民進黨的暗助，使得才當總統不過兩年的李登輝將非主流派各個擊破，打得潰不成軍，省籍鬥爭也成為第一階段國民黨內鬥的主旋律。

由於兩派的政治角力是在一九九〇年二月以後逐漸白熱化，進而公開決裂因此得名。二月政爭有時勢使然，也有人為操作，更影響到後來國民黨的分裂與衰敗。李登輝於二月政爭獲得最後勝利，本土力量自此主導台灣政局。

如果以一九九〇年二月的國民黨臨時中全會因李登輝提名李元簇，所引爆的「起

立」與「票選」之爭為分水嶺，在此之前還有兩個重要階段：一為八八年一月蔣經國逝世後中常會通過李登輝代理黨主席案，過程中雖因蔣夫人宋美齡的意見而一度有所暫緩，但外界多認為即使沒有宋楚瑜當時的「臨門一腳」，李登輝的代理主席案也會通過。二是同年七月的國民黨第十三次全國代表大會，除了李登輝獲一致推選就任國民黨主席外，十三全會也進行了代表最高權力結構一八〇位中央委員的大洗牌。

十三全會期間掌握黨機器權力的祕書長李煥，以第一高票當選中央委員，而時任行政院長的俞國華則屈居第三十五名，隔年五月即提出辭呈。

一九八九年六月，李登輝提名李煥接任行政院長，引起部分輿論質疑此為李煥的算計，是為了先逼退俞國華讓自己掌握黨政大權，進而架空李登輝。但更有人認為是李登輝為了防止李煥在黨內持續坐大，因此先「高升」李煥為閣揆，再提升擁護自己的副祕書長宋楚瑜出任黨祕書長掌握黨權，反而掏空李煥在黨內的地位。微妙的是，二月政爭初期李煥原來支持李登輝，後又突然轉向非主流陣營反李登輝，其真正原因始終成謎，外界傳言與各種分析不一而足，本章將透過當時關中的參與其事和近身觀察，提供第一手的釋疑。

之前黨內高層的較勁或可稱為「暗鬥」，但九〇年二月臨中全會使二月政爭端上檯面，「明爭」正式揭開序幕。李登輝為競選連任，副手之爭成為引爆點，他屬意「沒有聲音」的總統府祕書長李元簇，黨內卻有不同聲音，特別是當時的行政院長李煥、國防部長郝柏村等人，認為李登輝一意孤行，於是在臨中全會上發難，要求以投票而非起立鼓掌方式通過人選，表面上看是對人選通過的程序有異議，實質上等於是對李登輝的權威進行相對的抵制。雙方人馬連夜串連動員，情治單位也介入監聽，最後李登輝慘勝，李元簇成為國民黨提名的副總統，這一役也打響「兩宋一蘇」名號，宋楚瑜、宋心濂、蘇志誠一戰成名。

但非主流派在臨中全會落敗後並不死心，軍系國代緊咬不放，緊接著從二月底到三月，醞釀推出林洋港、蔣緯國的林蔣配與國民黨提名的雙李配抗衡。當年正副總統仍是由國大代表選舉產生，由於國會尚未全面改選，老國代佔絕大多數，其中軍系實力尤其驚人。軍系串連力挺的林蔣配聲勢水漲船高，給予雙李配極大壓力。

李登輝是第一位台籍總統，當時擁有相當高的正當性與民間聲望，林蔣配的節節進逼在民間造成極大反彈，外省人欺侮台灣人的耳語不斷；加上國大長年未改選向為人所詬病，大學生們群起反彈，中正紀念堂的野百合學運有如大火燎原，民間挺李聲浪高漲；林蔣配淪為強弩之末，最後由八大老出面化解，李登輝順利當選總統。

之後李登輝又任命非主流派真正大將，時任國防部長的郝柏村組閣，以化解非主流派的反彈，此舉被認為是是間接削去了郝柏村的軍權，使李登輝正式以總統及三軍統帥身分掌握軍權。二月政爭也導致非主流派的出走，之後成立了新黨與李登輝抗衡。一九九六年台灣首度總統直接民選，非主流派又分別推出「林洋港、郝柏村」、「陳履安、王清峰」兩組搭檔競選，最後皆敗於李登輝，從此非主流派的政治人物逐漸淡出台灣政壇，李登輝也確立了他最後一個民選強人的地位。

以上是所謂國民黨二月政爭的整個脈絡過程，廣義來看，政爭時間可從一九八八年初蔣經國逝世起，直到一九九六年總統直選止長達八年，但精準來看，二月政爭最激烈的是集中在九〇年二月至三月的這兩個月。

蔣經國逝世後半年，一九八八年七月七日，國民黨召開第十三次全國黨代表大會，這也是李登輝接任黨主席後的第一次全國黨代表大會，依照任務權責分工，十三全會是由中央組織工作會負責督辦，召開的日子也是由關中特別選定在七七抗戰紀念日呈報核定。蔣經國在過世前不到兩個月時找回關中接任組工會主任，主要的目的有二，一是從黨的組織結構與運作上，推動全面革新，其中有關黨的民主化、企業化、競爭化等具體做法，關中都積極地進行規劃研擬，準備在十三全會提出各項具體方案。另一個任務則是要籌備十三全會，這是一個非常龐大冗長的過程，因為從黨代表的選舉開始，選出後要到陽明山中山樓開會，除了黨內的政治報告、黨務報告等各種報告，最重要的是選舉中央委員，最後選出中央常務委員。而過去的黨代表與中央委員幾乎都是指定的，十三全則將透過新的過程全部改選。

之後關中曾對李登輝詳細報告了蔣經國的想法與交代，當時李都說非常好、一定遵照，但後來關中卻隱隱覺得李登輝對十三全會的兩大目的，顯得輕重有別，「我發現他對黨的革新、民主化的興趣似乎並不大，他有次甚至對我說，國民黨什麼時候民主過？我回說就是因為過去不夠民主，所以現在才要追求民主，而且時代環境都在變。」李登輝的言下之意似乎是，為什麼過去可以不民主，他來了就要民主？當時李登輝的直覺反應是，「不要衝著我來嘛，我的基礎還不穩固，現在我一來你們就要削弱我……」因為民主革新一定會牽涉到權力下放、分權制衡，從人性之常來看，他難免會有點排斥。

李登輝剛接任黨主席時，對關中自然是極為拉攏也倚重的，那時總統還未直選，仍然是由不必改選的老國大選舉，這都需要靠組工會來掌控辦理；而在那個以黨領政的時代，李的心裡也十分明白，所以他會對關中說：「一中兄啊，最重要的是黨啊，抓不住黨，什麼事都沒辦法做！」李登輝一開始也常常要關中陪著他下鄉與地方人士聚會，還會拉著關中的手說他是自己的左右手。出去時，一路上都是李登輝在講話，他的談興甚佳，包括當年他與林洋港的情結；由於林過去在台北市長、省主席的職務都在他前面，當年林洋港有時會談起之前他怎麼做好這兩項工作，如今李登輝則會說：「哼，他憑什麼對我下指導棋！」李登輝雖是學者出身，但他個性爽快大方，還有點江湖味道，又能喝酒，被李登輝邀宴出來的民代都很興奮，備覺榮寵，覺得他和過去的黨主席、總統完全不同，簡直是把大家都當成哥兒們似的。

關中分析說，在那個時代，中央委員在黨內權力結構裡非常重要，如果不能進入，意味著你是沒有什麼分量的，其次還要看你的得票排名，整個選出來一八〇位名額，還有九〇個候補中委，加起來二七〇名。黨代表從地方選出有一千多人，加上海外和敵後黨部，有將近二〇〇〇人投票，把中山樓坐得滿坑滿谷的，而組工會就負責這個籌備工作。每個地方黨部主委帶著所屬的黨代表進駐中山樓，他們跟地方選舉一樣，要做好控管，吃住全在一起，組工會則負責掌握監督。

規劃配票則是任務的重中之重，還設有一個配票中心作為指揮所。投票採二分之一限制連記法，一個人可投全部的一半，從中委到候補中委這二七〇名要先規劃哪些人得先列在一八〇內、哪些是後續的九〇人？理論上列在一八〇之外者不能跑進一八〇內，所以這兩者的配票就有很大區別。例如列為中委者配二〇〇票，候補的就只能配五〇左右，除非他自己能再找到一五〇票才能擠到前面去。配票是階梯式拉開距離的，從二〇〇、四〇〇、六〇〇、八〇〇……進到一〇〇〇後，到最頂尖的應該是列在前十五名的重要院長、部會首長，從第十六名以後差距在一〇〇票以上，後面越拉越大，前五名的配票也拉得很大，讓你不會被超越，以求保險。

過去配票這套是有效的、也可以掌握的，但十三全結果卻大爆冷門，為什麼如此？「因為民主化！李登輝也支持。我的案子就是如此，目的是要讓國民黨真正民主化，黨員意見可以被重視，李登輝的目的是打破國民黨原來的結構，所以我們倆不謀而合，但用意不同。」「既然要民主化還配票？」我問。「一半，配給你一半，另一半你自己選，我們是逐步的推動，接受度才會高。」關中說投法變化很多，也有些人是不會投滿額的，這樣的變化組合就更多了。

當時規劃中央委員，首度採取分領域提名，分類包括黨務系統、政府官員，還開放到地方議會、社會上的自由職業、婦女名額，各佔比例，最後呈上提名名單及每個人的配票數，李登輝當時非常支持也滿意。時任國貿局長的蕭萬長，當時雖已在對美貿易談判上嶄露頭角，受到政壇與媒體矚目，但從十三全躋身中央委員起，則可視為他邁向政壇高峰前的具體肯定。當關中去找他說要列入中委時，蕭萬長起初覺得很訝異，因為以前國民黨對常任文官並沒有那麼重視，而且過去他從沒參與過選舉，也不知道票在哪裡，關中則請蕭放心，票的事黨部自會安排負責。此外，包括外交體系的程建人（後任外交部長、駐美代表）也是循此模式，在那時由組工會主動規劃配票選上中央委員。

另外就是民主化、擴大參與，一半配票、一半自選，自己去活動爭取，也鼓勵自行參選，「這樣整個黨就動起來、也熱起來了，過去都只是全靠配票行禮如儀，發個名片、打個招呼就當選了，這次鼓勵大家競爭，是很大的突破。」關中說，當時中國時報、聯合報兩位報老闆都對他說：「這次好像玩真的，但是別玩過頭，會失控喔……」不料後來果然被言中。

當時李登輝還在官邸立了個大牌子，把中委規劃名單作成名片插在上面，每天對著牌子看，隨時找關中去，討論名單的調整與順序。等到接近選舉時，各種壓力開始來了，人的權力慾也開始作祟，「為了爭取中委，找李煥、找我的人很多，都是來爭取、打聽自己有沒有被放在規劃名單中……」關中笑著說，最妙的是李登輝曾打電話給他說，李煥又交來幾個人要放入中委，還有王昇也拜託了幾個人，「但李登輝會指示要『總量管制』，也就是只能在他原來的人馬、同領域裡換人，不能增加人數擴大其勢力。」

其實李登輝自己也常會換人，說白了，政壇中人都很愛玩這種遊戲，而且玩得不亦樂乎。當時李登輝去參加一些活動，進去和出來後，總會有許多人搶著跟他握手，或者做出諂媚的表情動作，李登輝有次便笑著對關中說，「你看那些人的眼神，是多麼希望我對他們的關愛啊……」輕輕一句話，道盡了政治人物既享受也看穿權力的魅惑，盡在不言中的快感！

雖然在規劃配票上投注許多心力，也相對做了某種心理準備，但十三全會選舉中央委員的結果，不僅在黨內造成震撼，也使社會各界大吃一驚。選舉結果前三名為李煥（提名排名第五）、孫運璿（提名排名第二）、宋楚瑜（提名排名第十七），從第四名起分別是林洋港、吳伯雄、章孝嚴、邱創煥、李鍾桂、錢復、黃尊秋、章孝慈、關中、謝東閔、郝柏村、蔣孝勇。

李登輝所提名中委排名第三的行政院長俞國華，票選結果然慘跌至第三十五名，這一結果顯然讓他深受打擊，以致隔年五月八日提出了辭呈，外界對此議論不絕，原因為何至今仍是「歷史懸案」，俞辭去閣揆時他的夫人俞董梅真更說了一句令政壇印象深刻的話：「政治實在太可怕了。」

一九八八年八月號的「遠見雜誌」曾有如下的兩段報導評論：「十三全大會的代表們，來自各階層，他們對社會變動的衝擊，感受深切，黨內大老們雖然希望持重而緩進的調整權力結構，以配合革新求變需要，但是代表們已等不及，他們利用選票，把年輕、有現代觀念和改革魄力的人，推到耀眼的地方，如宋楚瑜排名第三，吳伯雄排名第五；而相對壓抑了老一輩的人物，如倪文亞排名五十，沈昌煥排名八十一。國民黨和黨員的關係，已經不是『黨內倫理』可以解決，黨如何回應黨員代表在投票時所發出的『意思表示』，恐怕是一大考驗。」

又好比「這次選舉中委，黨提名一八〇人，代表簽署一八〇人，共同參加選舉，雖然是『半民主』，但畢竟已是民主的起步，代表們可在一定的範圍內表現『當家作主』，較諸以往，已屬難得。選舉結果雖未能盡如人意，但與提名名單相較，選出的人顯然較能符合實際民意，這就是民主的好處。」

對於中委選舉結果的大驚奇，關中認為這很自然，因為在這種選舉中，只有專職黨工別人才認識你，越有名、跟黨淵源越深的人也比較容易分得到票……我反問：「那大老豈不是更有名？怎麼會……」「所以是代表對這結構不滿意嘛，當時李登輝上來代表了一種新的氣象，大家對黨的民主化有期待。」我再問：「對這結果有沒有大出意外？」「還好，在我們想像之中。」關中先說大致方向無誤，「只是沒想到大老們的票數會差這麼多。」他雖說得含蓄，但卻說到最矛盾的爭議上了！

李登輝對總體的選舉結果，其實是很高興的，但時任參謀總長的郝柏村卻大為光火！他本人提名順序第八，得票順序為第十四，雖然略有差距，但總算面子還掛得住，郝的不滿，一是為同屬官邸派出身的俞國華、沈昌煥叫屈，認為配票運作的黨務系統太不像話。二是直指李煥私心太重，竟把他自己搞到票選第一名。

關中因此向李煥報告此事，並建議李應該跟郝柏村解釋一下，但這兩位長輩都很硬，李煥說：「要我去跟他解釋？奇怪了，我在黨內淵源這麼深，誰認同你就會投你，有什麼好解釋的？我才不去！」關中見狀只好打圓場：「那我去解釋？」「要去你去，跟我無關！」

於是關中約了郝柏村在陸軍聯誼社見面，抱著滿滿一大堆資料去給他看，把如何規劃、配票、開出來結果的對比等等作業，一一攤開來說清楚。「我說對這些大老們沒有任何不尊重，這個配票差額非常大，但開出來的結果是這樣，因為時代不一樣了，大家不見得會照配票指示投票。」郝柏村認為輔選部門都是聽李煥要求才變成這樣，關中則對郝柏村耐心地婉言解釋：「郝伯伯您說配票不公，怪李祕書長，您看這些資料，您要罵、罵我，是我在作業，怎麼規劃、過程等等，都是我直接向主席麼報告的……」

郝柏村聽了也看了以後，皺著兩道濃眉說了一句：「我了解了！」但還是忍不住又吐出一句：「不管怎樣，李煥他選第一就是不應該！」關中回來後跟李煥報告經過情形，李煥也不高興了：「他發脾氣？他有什麼資格發脾氣！」「那錫公您要不去看看他？」「我去看他？哼，要去你去！」李煥也氣呼呼地不以為然。由此可見，蔣經國底下當年一黨一軍這兩大心腹彼此之間心結之深。

十三全是後蔣時代從李登輝手中邁出的第一步，也是李時代新權力布局的一大步，「我認為這對李個人的形象是很有幫助的，他也充分利用這次大會，代表黨的新時代出現，尤其黨內選舉的民主化規劃、黨員參與的擴大、對社會多元化的重視，特別是本省籍菁英大量參與黨的決策體制，這都是特色。但在十三全中，我個人認為也種下了國民黨分裂的種子；一是本省籍菁英分成老派與新派兩種，年輕的本省菁英比較支持李，老派的則更加不支持李，他們認為李削弱了他們在黨內的影響力，這等於種下了一年半後二月政爭的種子。」更直接的是，李登輝實現了他對黨內權力結構的調整，十一個月後，他讓李煥去接行政院長，宋楚瑜接祕書長，關中則加上個「安慰獎」的副祕書長虛銜。

「李登輝這個布局很高招，把李煥抽出黨務系統，讓宋進去，等於他（李登輝）直接指揮黨，因為過去李煥還在黨內，如果兩人意見相左時，李登輝很難直接指揮黨。」關中猶記得李登輝剛接黨主席時就跟他說過，黨最重要，其他都是假的，這下子他終於可以順暢地直接指揮黨了。

李煥在任黨祕書長時，和李登輝在立場和觀念上已時有扞格出入，關中記得有好幾次李煥與李登輝開會回來，都大發脾氣，說李登輝怎麼可以這樣亂搞！最具代表性的是，有次李登輝交代李煥要讓當時仍在「黑名單」內的彭明敏回國，李煥則說這怎麼可以，彭明敏仍是通緝在案的台獨分子，李登輝則堅持這個就要想辦法去突破解決不可……李煥回來後向關中抱怨：「這樣我以後怎麼做得下去？」雖經反覆溝通解釋，李登輝仍執意如此，後來也的確實現了。而李登輝非常高明，接著乾脆就讓李煥「高升」行政院長，來個「高官送客」！

「在政治人物心目中，行政院長還是僅次於總統的最高首長，尤其我們憲法偏內閣制，行政院長是體制上的最高行政首長，這個職位對政治人物有絕大的吸引力。」但關中也記得，李登輝剛接任總統時有次對關中說，有些人建議他，「你只要找個能幹的行政院長，你這總統就很輕鬆了，也不必管日常的行政工作，壓力少多了……」只見李登輝憋著嘴說：「哼，講這種話，我又不是作假的！」足見李登輝是個想做事也不怕做事有壓力的領導人，對權力的本質與運用更有一套獨到的工夫。當時未修憲前，閣揆由總統提名且需要立法院行使同意權，因此府院不和、雙李或李郝猜忌較勁的傳聞，常是新聞焦點，後來透過修憲釜底抽薪，將閣揆拿掉國會的同意權、改成總統直接任命即可，從此也成為如今有權無責的「大總統制」。

不少人認為十三全後，李登輝大量引進本土地方勢力和他的人，來沖淡國民黨原本以外省人為主的黨政結構，而關中恰好也在那時成了此一路線的執行者，「對，沒有錯，但十三全在蔣經國過世前，除了黨的號召和政策之外，定位就是黨的革新與改造大會，這點經國先生和我已有共識，所以我就照這方向去規劃，李登輝接任主席後，我就把整個方案給他看，一個是黨的政策和結構革新，另一個是中央委員的新人事布局。」關中說，除了國民黨中央的黨政首長，又加了四種人：地方人士、民意代表、技術官僚、社會菁英，名單都有了，作業也很仔細。如此這樣更本土化了，也符合李登輝的想法，而且很多都是他的人，「所以十三全會他對我是很滿意的。」

但關中認為，李登輝當時對民主化規劃的權力下放、開放、以及行政立法兩院等運作新關係，仍然有所提防擔心，還是有省籍觀念，而且他有他的布局、人馬和想法，為了鞏固他的權力，後來就做得有點過火。

「李登輝被罵是台灣黑金教父，你怎麼看？」我問。「他不引入黑金，怎麼讓國民黨變成一個本土政黨？」「所以這是必要的罪惡？」我追問。「我認為這不是他的目的，但是他的手段！檯面上就是這些人，台灣地方選舉當時就是這樣……」「那這不就是一刀兩刃？」我再問。「因為他不這樣做，沒有辦法稀釋國民黨的權力結構，而且他也沒有時間去培養自己的人才，後來他鞏固權力以後當然開始逐步培養自己真正的人馬。你看我們當時的名單不斷挑選，很多相對比較是乾淨、正派、有代表性、功能性的人。」「所以你這等於是打開了潘朵拉的盒子……希望、瘟疫、災難也都因此出來了！」我既是理解卻也不免質疑。「也許是吧，但這不是我們的目的，這是經國先生過世前就規劃的，不是為了附和李登輝而做的，李是剛好碰到了權力結構改組，也正好是對他有利的第一個本省籍黨主席，讓他能夠把地方勢力引進來。」

關中說，在此之前，像立委、國代、地方議長是不可能當上中央委員的，現在通通進來了，各行各業包括會計師、律師、醫師、優秀文官、黨營事業等等都涵納進來，國民黨的民意基礎也跟著全面擴大了，這是國民黨在台灣社會最關鍵的一次脫胎換骨。

李登輝軟硬兼施、運用矛盾，高官送客李煥、郝柏村

反李主力郝柏村，李煥被動也消極
反李聯盟失敗早有徵兆
李登輝對郝柏村從隱忍到突擊

整體而言，十三全會終究是圓滿成功的，不僅完成了李登輝新時代、國民黨第一次大幅民主化、本土化的政治改造工程，也維持了國民黨大團結的氣象，或者也可說是表象；那時距蔣經國過世不過半年，李煥、郝柏村、俞國華等中常委，都深知在李登輝繼任國家與黨的最高領導人後，必須表現出應有的忠誠擁戴。

「李登輝做人做事都非常積極，而且收放自如，能把握機會表現自己，但他當副總統備位時、還有代理黨主席時卻都很收斂，由於未來不知能否真除，所以戒慎恐懼，因為他知道黨內氣氛對他不是很友好。」關中直指開始時支持李登輝的反而都是外省籍的

大老，反對他的則是如謝東閔、林洋港、邱創煥、洪壽南、張豐緒等本省籍大老，因為他們出道更早，認為李登輝是後來居上者。「為何外省籍大老支持？他們沒有省籍觀念嗎？」我問。「因為他們了解經國先生的心意，是希望把政權交給本省人，然後讓大家扶植他，來交換這些外省大老也會共同輔弼他……」「那後來為何會有二月政爭？」「就是因為大老們發現他們的想法是失望的，因為李登輝用過他們後就完全不甩他們了。」「是否他們也認為李登輝好控制？」「他們是希望控制李登輝，但控制不了！」

關中認為，有些人說蔣經國對身後事沒有安排，但在他看來安排得很好，「政交給俞國華、黨交給李煥、軍交給郝柏村，卻沒想到這三個人被李登輝二桃殺三士，一個個幹掉；最主要的是這三個人貌既不合、心也不合！」關中坦言郝柏村和李煥是非常明顯的不合，郝和俞國華還可說是政治上的盟友，所以他倆聯合起來對抗李煥，「後來當郝柏村以『主事者』的姿態發動二月政爭時，李煥其實是比較消極的。」

舉例來說，在一九九〇年初尚未召開臨中全會時，有一天，非主流派集結要談如何合作抗衡李登輝，李煥在快下班時打電話給關中，只說是：「今晚下班後，你到林洋港家去一下，你郝伯伯有事找你。」關中去了以後，看到在座的有王昇、蔣緯國、郝柏村、林洋港等大老，只見郝柏村板著臉孔問道：「你來幹什麼？」關中回：「是李院長叫我來的。」郝更不高興了：「奇怪了，他自己不來，叫你來幹嘛？」弄得關中很尷尬，後來經過聯繫，李煥還是趕來了……「這跟宮廷戲一樣，我們如棋子夾在裡面……從頭到尾我就被視為李煥的人馬，因為從中山獎學金開始、出國唸書，回來後在黨內一路任職……所以郝柏村對我其實是很不友善的。」

蔣經國一過世，李登輝立即就繼任總統，後來之所以有政爭，全是針對黨主席而來，因為在那時代，國民黨主席的權力遠大於總統。當時蔣夫人和官邸派認為黨主席不一定要馬上接任，但就李登輝來看，這分明就是杯葛他、看不起他，「李登輝心裡會想這是以拖待變，其中必有詐，絕不會往好處想，他會覺得我總統都接了，為什麼不能接黨主席啊！」所以當時已然留下心結。十三全會後隔了一年半，舉行臨中全會前，李登輝又冒出要提名李元簇為副總統，大老們全都傻眼了，因為事前都沒人知道；於是藉挑戰提名方式，要求從過去的起立鼓掌改成投票以表達不滿。

十三全後的局勢很清楚，李登輝擁有體制與權力上的正當性，同時民間聲望又高，整個黨、政府都往李登輝身上聚攏。二月政爭的引爆點是李登輝找李元簇當副總統的人事問題，當初李登輝先找李元簇擔任總統府祕書長時，郝柏村、李煥等人就很不高興，「因為他兩人自認是顧命大臣來輔佐李登輝的，當初推舉你接任總統、黨主席，是我們排除萬難全力拱你上來的，這麼重要的人事案怎麼都沒找他們商量，連招呼事先也不打一下，即使蔣經國在世也不會這樣。而且李元簇在黨內是個異類，不屬於任何派系、自成一格，黨內高層對他這樣冒出來都覺得很怪，有點跳級，認為他憑什麼當副總統？」關中說，那時反對李登輝的本省籍大老很多，為了讓中常委們支持李登輝繼任黨主席，李煥那時是黨祕書長，還會分配關中等人一一向大老們報告請他們簽名支持；那時李煥雖然和郝柏村不和，但均知全力支持李登輝是大勢所趨。

然而二月政爭終究還是爆發了，而且到後來更從公開決裂變成若即若離，關係詭異。「基本上，二月政爭我認為根源是在十三全大會後，郝柏村第一個對黨內選舉結果極不滿意，認為黨務系統操縱控制這個黨，而且他個人對李煥始終滿有成見的。」關中坦言在蔣經國底下，派中有系、系中有派，且相互制衡、分而治之，而軍人在國民黨歷史中始終是一股特殊的力量，有點像共產黨槍桿子出政權的味道，自認為在那個時代，沒有軍哪有黨國。「所以給予軍人很多特權，他們也自視很高，對我們黨部系統也不是很看得起，包括自認黃復興黨部在選舉時是最可靠的鐵票，還有從郝柏村對李煥的態度也可看出……」

「郝先生個性是比較霸氣的，經國先生晚年更對他非常倚重，以他過去的資歷和身分地位，對李登輝接任大位難免有點……而李登輝在未取得大位前，即使在台北市長、省主席、甚至到副總統時，對國民黨內實力派人物也是畢恭畢敬的……」當時在外視察，李登輝見到郝柏村來時，還會馬上衝上去開車門，因此說到李登輝當初見蔣經國時，被人津津樂道的「板凳坐三分之一」，其實一點也不奇怪。

「李登輝繼任後想找個外省人、法律出身的人來當他的副總統，也不是沒有道理，但過程中卻沒跟前朝重臣稍有商量，激起反感，以致造成他們聯合起來反對李登輝。」

「也許李登輝這項人事布局，原本就是要刻意擺脫權臣的束縛？」我問。「照理，郝柏村李煥兩人是走不到一塊兒的，十三全選舉結果又造成郝對李煥的興師問罪，積怨更深……其實反李的主力、主動始終是郝柏村，李煥是被動的，以他的個性作風，而且已經當了行政院長，為何要去反李登輝？」

郝柏村那時剛做完長達八年的參謀總長，又擔任國防部長，絕對是基礎雄厚的軍方強人，他帶頭反李登輝，當然有其想法和實力，當時郝認為是李需要他、也依賴他，而非他要依靠李。有一次李登輝搭總統專機去中南部視察，一干黨政要員跟著一起下去，下飛機時，時任國防部長的郝柏村和參謀總長陳燊齡上將在場迎接，李登輝從飛機上下來，只見郝柏村就對著李淡淡地說：「你來了啊，好好好……」那個口氣、態度，讓在場的人都有些不自在，覺得部屬對三軍統帥的態度怎麼會是這個樣子。

當時李登輝表情不變，但心裡肯定是很不舒服的，李郝後來的不和、不信任、彼此不尊重，其實都是其來有自。「李登輝以前外出視察，在路上常跟我們講的是，日本武士道的精神、德川家康的忍人所不能忍，還有石磨心（台語諺語，常用來比喻人際關係中被夾在中間左右為難受折磨的人）。郝柏村是霸氣外露，至於李煥的個性作風，則認為這既然已是經國先生的意思，李登輝已繼任大位，就該從旁輔佐，從黨祕書長到行政院長，他願意好好做事。」關中認為李煥的一生，從來就不是製造問題而是化解問題的人，當年他因中壢事件被貶到中山大學當校長，大家都認為他垮台了，但他也是很認真地辨學，非常遷就現實。

相對而言，郝柏村完全是從軍方體系一路帶兵領軍，歷練竄升上來的，他是老蔣總統官邸派出身，在蔣經國時更受到重用，擔任參謀總長曾長達八年，有很長的時間軍中高層人事都經過他的拔擢，培養出來的將領多到有軍中遍布「郝家軍」之說。即使當李登輝擔任總統以三軍統帥職權逐步替換國軍將領時，有人曾提醒郝柏村此一現象，郝柏村的反應卻是眼睛一瞪，揚起濃眉，自信地厲聲道：「哼，給他換十年也換不完！」另一方面，李登輝後來又專門起用與郝不和的將領如蔣仲苓、劉和謙出任軍方要職，這都形成對郝柏村的隱性反制，只是不知郝是否有所警覺而預作防範。

另外一個導致非主流派功虧一簣的重要原因，恐怕是當時發動二月政爭過於倉促，不僅未及爭取黨內的充分支持，更遑論建立社會的認同，關中還記得臨中全會當天上午，非主流派在內部磋商攻防策略時，由各系統代表分別提報其支持票數並進行估票，當時黨內首席選舉專家的關中，一聽便察覺其中有頗多重複或灌水的估算。由於整個臨中全會上的較勁，當時多數人都搞不清狀況，只像是一場悶在壓力鍋中的局部震盪而已。

前述提及郝柏村召集非主流派大老開會，針對臨中全會會議程序擬提出不同意見，主張要將公開的起立（舉手）方式改成投票決定，並一一詢問在場人士意見。當天也在場的總政戰部執行官楊亭雲，那時他仍是郝柏村的心腹愛將，也趁著在院子裡休息時私下問關中說：「一中兄，這……這不是要政變逼宮嗎？這能成得了嗎？」可見當時即使是非主流派內部對此舉亦多所顧忌，心理建設也還不夠。關中自認在政爭時並不是扮演要角，輪到他發言時，他對著一群平均大他二十歲上下的長輩們建議，應該公開提出主張來爭取黨內的支持，黨內大老們也應召開記者會向社會明確說明，這樣私下運作不但不易成功，而且會被各個擊破。因為在國民黨的傳統上，在黨的正式會議中要反對黨主席提出的人選，或者說要改變方式，國民黨好像還沒這種政治文化。說穿了，國民當時根本沒有「造反」的文化，但郝柏村等人均不以為然，對此建議不予考慮，強調他們自有計畫可行。

非主流派在臨中全會失敗後，不到一個月就在國大重整旗鼓，醞釀推出了「林蔣配」，試圖敗部復活，這個過程，同樣也是郝柏村全力主導、李煥比較被動。「林蔣配」為何會出線，這要從蔣緯國的積極表態說起。之前國民黨中常會將推舉李登輝為代理主席，事先都被分配協調大老常委支持，關中被分配的是谷正綱、黃杰、高魁元、蔣緯國等七人，其他人都已順理成章簽字支持，只有蔣緯國對關中盛情接待，大談特談他的抱負理念，熱烈分析國家今後走向。蔣緯國對關中說，李登輝接任大位、穩定大局之後，蔣家的力量不可忽視，「而我是蔣家最有代表性，唯一能在政壇上發揮影響力的人，應該讓李主席知道，重用我是對他很有幫助的。」那時蔣緯國還不敢挑戰李登輝，只是想李能夠重用他。

蔣緯國認為關中是當權派、李煥的愛將，所以希望關中支持他，並向李登輝表達建言；但這讓關中很尷尬，因為李登輝用不用蔣，應該蔣自己去講，而且蔣緯國年齡大關中二十四歲算是長輩，實在不宜由他舉薦。

在蔣經國逝世後，蔣緯國認為這是他大顯身手的最後機會，本來在國大選總統時，由於他比林洋港要大九歲，加上資歷出身，一度他還想爭取當主角促成「蔣林配」，但郝柏村認為李登輝都已繼任總統了，再由本省人搭配外省人選總統，不合時宜，而且阿港伯民間聲望高，所以他力促林蔣配並達成共識。

但國民黨不能團結其來有自，本來非主流派在分析利弊時，最早時應當是「陳林配」呼聲最高，因為在當時老國代佔絕大多數的國民大會裡，陳誠的力量是最大的一個集團，而且只要少主陳履安一出面，過去陳誠的人脈人馬就會全出來了，所以要在國大過關應該是「陳林配」最穩。但因為陳履安在年齡輩份上都比林洋港年輕資淺，所以才逐漸改推「林陳配」。以郝柏村在軍中的威望實力，更是蔣經國的嫡系主流，對於雖是蔣家人卻沒有實權的蔣緯國，其實是看不在眼裡的，而且蔣孝武對於當時意圖在國民大會角逐總統位置的叔叔蔣緯國，也曾公開給予強烈批評，但郝對蔣家畢竟有一份忠誠和情感，最後仍然接受了「林蔣配」。

郝最早也最理想的主張是「林陳配」，但陳履安雖有意願，蔣緯國卻極力爭取且想當正，而最大的問題是李煥也不支持陳履安，「李煥與陳誠系統是不搭嘎的，後來開會時只要提到陳履安時，李煥就不來了，有一次郝柏村跟李煥說，『履安的事要做個決定了喔』，李煥根本不理、也不給承諾，所以就破局了。」關中感慨，政治關係這麼錯綜複雜，人的關係又如此微妙，為什麼竟會出現荒謬的林蔣配，以蔣緯國的資歷、聲望和才能各方面能否服眾、足夠號召？「這一切……就是被逼出來的嘛！」

在國大推舉另一組人時，處處可見郝李的聯盟基礎是如何脆弱。兩人心結很深，但在同樣對李登輝的不滿下所以才能暫時合作，何況那時李煥是行政院長，角色舉足輕重，如果郝柏村不能抓住李煥合作，等於是孤軍作戰，更早之前他也需要借重李在黨務系統的人馬，去影響臨中全會時多數中央委員的動向。「其實非主流派那時的力量非常大，有李煥、俞國華、郝柏村等人，孫運璿也全力支持，雖然他中了風講話不清楚，但頭腦非常清楚。謝東閔、邱創煥等本省大老也支持，全都結合起來，最後被李登輝一一化解掉，可見那時候不團結真是致命傷。」

郝柏村和李煥對李登輝，當時真的有非逼宮不可的必要性嗎？而且當時還認為勝算很大嗎？「我認為，在經國先生逝世後的那兩、三年內，這兩位都過度膨脹了自己，認為自己的影響力、地位是無可撼動的，可是事實並非如此……」當時一個是閣揆、一個是國防部長，皆為國之棟樑，「他們經常會和李登輝在一起，對李的言行、做法產生不信任一定有原因，也應該有所認識提防。」但關中不解，李、郝二人卻分別去接任行政院長，這都不是很智慧的決定，「如今我隔了三十年來看，他們的年齡、經驗、職位都比我高太多了……但這明明就是個火坑嘛，人家設計你，你們沒有信賴的基礎，你去做這個幹嘛？如果你是我老闆，要我去做這麼重要的職務，卻不信任我，我敢做嗎？」

郝柏村本來是四星上將終身職，他接閣揆的條件就是卸下軍職，「郝後來在自己的書中也說他上了李登輝的當……」我問。「要不是想當院長，他為何要上當！我說他們不應該接，是因為明明沒有互信、甚至處於高度猜忌，卻去作李總統的直接部屬，而且理論上來講，在憲法上行政院長是最高行政首長，很多事總統還不能直接做的，若是他對你沒有高度信任，怎麼會讓你做這麼重要的位子？」關中苦笑著搖頭說：「除非他只是要利用你，甚至是想剝奪你的實權，讓你只是個過渡，否則為何要讓你做？」

李煥的閣揆只做了一年，更強勢的郝柏村則做了兩年八個月，「尤其李登輝對郝柏村就是擠擠擠，擠到一個臨界點，然後攤牌、逼你妥協……。李登輝在十三全前後也會不妥協，也敢換驕兵悍將。政治上就是這樣，歷史上例子很多，政治就是妥協的藝術，不像中國傳統的威權政治，總要鬥到你死我活、定於一尊，這是不對的。李登輝很厲害，他就破解你、各個擊破，他藝高人膽大，該軟的軟、該硬的硬……」「他怎麼能這麼厲害？」我問。「所以國民黨這些人是笨蛋，都被他一個人耍了嘛！李登輝私下是很看不起國民黨這些人的，甚至會露出對這些人的輕蔑口吻，嘴裡說著：『哼哼……這些人啊……』」關中露出一個「就是這個味道」的表情。

有一次在視察的路上，李登輝又和大家談起台灣早期的政壇人物，從中足可看出他的細心、深刻與獨到。那次李講到比他還更早出任台北市長的本省大老張豐緒，李登輝說：「這個笨人啊，可惜了……」當年蔣經國真的是想栽培他的，把他從屏東縣長直接約見到台北市來，當時張還對別人說應該是擔任台北市的局處長吧，沒想到一發表竟然是市長！蔣經國對他期勉有加，臨走前還送了他一幅像是字畫的卷軸，回去打開一看是幅中華民國地圖！「哎呀，這個笨蛋居然收起來放在辦公室旁一個筒子裡，從來沒有掛出來過……」李登輝一語點破玄機：「蔣經國就是提醒他，作為一個台灣人、首都市長，莫忘大陸河山啊，所以張豐緒以後就沒了，到此為止……哈哈哈……」，李登輝笑張豐緒的愚鈍，也笑出了李在政治與人性上的眼光和功力，更證明了他很懂得抓住國民黨老外省人的心理。

二月政爭的靈魂人物是郝柏村，所以臨中全會主流派強渡關山後，李登輝便直搗黃龍，先請八大老出來協調化解「林蔣配」，接著就提名郝柏村為行政院長，把李煥換下去，這招二桃殺三士，堪稱險棋中的絕招，立即拆解了非主流派大部分的力量，等於是為二月政爭劃上句點，因為「主謀」都已經被收服了，「附隨分子」也就散了。交換條件則是郝柏村卸下四星上將終身銜，辦理退役、交出軍權。

對郝柏村而言，這不僅是出將入相，可視為個人一生最大的榮耀與成就，也是他為中華民國奉獻心力的最後機會，「但我最不解的是，郝先生當時為何要接受？而且換下來的就是李煥？只能解釋說他太不喜歡李煥了！就道義上來說，你們是一夥的，怎麼竟然……」關中透露，李登輝找郝柏村組閣時，「郝先生還跟我說，李登輝想找你（關中）當台北市長，你不要上他的當，我替你拒絕了！」絕的是，都說不要上李登輝的當了，郝柏村自己卻接受了閣揆！只能說是郝柏村太有自信了？

關宋瑜亮情結？既難肝膽相照，卻已肝膽俱裂

所用非人、策略破局，選戰受挫

趙少康能贏尤清，李登輝拒絕，一週之內掃地出門

國民黨十三全會後，正式進入李登輝全面領導黨政的新時代，而關中因為籌辦十三全會有功，也被升為中委會副祕書長，仍兼組工會主任；前者借用關中所言是一個慰勉的「虛銜」，後者才是有權責做事的「實職」。在一年半後，迎來了關中從事黨務、執掌選戰以來的第二個全台縣市長選舉，很遺憾地，這一次選戰成績並不理想，也成為了他縱橫選戰九年風雲生涯的「告別作」。

這是解除戒嚴及黨禁後，台灣首次的大型地方選舉，包括縣市長、立法委員與省市議員同時於一九八九年十二月二日進行投票。在選舉中，民進黨祕書長張俊宏發表「到執政之路——地方包圍中央」的戰略，並首度成立中央巡迴助選團。最後民進黨攻下了

國民黨主席李登輝的故鄉台北縣，成功「包圍」首都台北市，以及國民黨執政的新竹縣、屏東縣，並承接了黨外人士主政的宜蘭縣、彰化縣及高雄縣，一舉奪得六個縣的執政權。而嘉義市長選舉則由無黨籍的張文英勝出，延續黨外「許家班」的香火。國民黨席次下滑，但仍然保持其在大多數縣市的執政權，贏得十四位縣市長席次。

一九八九年六月開始，李煥轉換跑道，被高升為行政院長，宋楚瑜則順勢也升任黨祕書長進而掌握黨權，順理成章成為關中的頂頭上司，這時距離年底縣市長選戰只剩半年；從此關中也揮別了過去那些年風生水起、上下一心，合作無間、戰功卓著的日子。

對於八九年輔選工作的不順和失利，「首先是宋祕書長對我的工作雖不能說是杯葛，但卻不是那麼熱心的支持，並沒有把我真正當成一個團隊，這也可想而知，李煥與我跟宋楚瑜與我的關係，根本沒辦法比嘛！」關中說他並不是抱怨，而是十三全後變化很大，隔年中李煥轉任閣揆，說是要關中留在黨部幫他看家，結果卻變成替李煥挨打；關中在八九年底一敗選後，立刻便被宋楚瑜解職形同「掃地出門」，也難怪李煥後來會對關中說：「當初我走時把你帶出來就好了，這一念之差……唉……」因為李煥本來要安排關中接任內政部長，想等打完選舉再出來，沒想到計畫趕不上變化，李煥自己的閣揆也只做了一年。

當初三個人都還在中央黨部工作時，關中就曾向李煥反應：「錫公您常常單獨交辦我一些事，又沒跟宋說，也沒讓他參與，但是我的公文又要經過宋，等他事後從我的公文看到您交辦的事，而他並不知道，您想他會作何感想？」甚至有時候李煥去找關中在辦公室談，宋楚瑜會直接推門進來，見到只有李關二人，李煥雖說來一起談，但宋馬上就退出去，「不僅宋楚瑜心裡不是滋味，連我心裡也會嘀咕，換了是我也會不舒服……」關中用同理心憂心地看著這些矛盾。

等到李煥離開黨部，宋楚瑜頂上來成為祕書長，關中這個「夾心餅乾」的角色就更尷尬了，工作的績效也會大受影響，心裡之苦悶可想而知；而且隨著李登輝、宋楚瑜、蘇志誠三人關係愈形緊密，郝柏村、李煥都是遲早要被過渡掉的人物，關中又被視為李煥的人，怎麼可能有好日子過？

「其實我和宋楚瑜並沒有什麼個人恩怨，過去有些人會拿我們兩人來比較，可能是位子擺得好像我倆有什麼競爭關係，其實他的職位一直在我上面，政壇的資歷也比我早，我有什麼資格跟他競爭？只有在黨務工作的資歷上，我是比較資深一點，他對我難免有排斥，尤其李煥對我的重視，讓他心中有所不滿，等他當了祕書長，可想而知我會好受嗎？」對他與宋楚瑜的所謂「心結」，關中似乎抱著一種既理解也無奈的態度。

而當宋楚瑜在八九年中升任黨祕書長時，就有朋友對關中說，最好馬上辭職，否則以後會死得很慘；「我當時說我有那麼重要嗎？而且離選舉只剩半年，眼前輔選的工作均已上手，現在走人，豈不變成臨陣脫逃嗎？」因此決定等選完再說，但朋友又勸他，你不可能選得好的，「因為宋不會希望你選得好，選好的話，你功勞更大，對他的威脅也會更大。」但關中還是認為不至於那麼嚴重，畢竟這也是李登輝真除黨主席後第一次面臨的重大選舉，他絕對也希望能選出好成績。

選後結果證明，朋友的推論並沒有錯。多年後關中回想起這一段備受擠壓痛苦的日子，「我從沒有政治上的野心，就是想不負長官付託、勤懇負責做好事情，我不是非靠政治工作才能生活，也一直想回學校教書，這原本是我最想做的、也是最好的退路。」

第二個導致該年選舉失利的原因，是直接指揮選戰的省黨部主委所用非人，從而導致選戰的運作、策略難以發揮，正如關中之前所認知的，組工會與省黨部一般是用人相互牽制的，當八七年底關中重回黨部，出任組工會主任時，便曾和黨祕書長李煥討論調整省黨部的接任人選，但關中建議了幾個人選，李煥都沒接受。當時關中建議的都是本省籍菁英，如吳伯雄、黃昆輝，「我認為這兩位都是能接地氣、了解基層也能打選戰的幹才，結果他派個馬鎮方去。」

國民黨到台灣後帶來了一批菁英，不可否認有些是很能幹的人才，尤其是像在政府擔任祕書長的如行政院的瞿韶華、王昭明，省政府的李厚高、劉兆田，台北市府的馬鎮方，這些祕書長都是不可多得的行政長才，正直、精明、能幹還有協調力，也都很有好評。「但做黨務工作不是這樣，他們是長期在行政體系工作，在地方政府如果獲得首長的信任，祕書長的權力是很大的，像是調用人馬、資源、協調人與事等等，都是一句話解決，所以他們做黨務工作不適應，」關中一語道破兩者差異：「做祕書長是別人求他，但做黨務工作是你要去求別人，而他們放不下這個身段。」

「接我省黨部的劉兆田，原來是省府祕書長，他一來省黨部馬上就換了部大黑頭車，原本《雙十園》、文宣小組等工作馬上停下來，因為他認為黨不需要做這些事，反差之大啊！而且他很少出去，都是在辦公室輪流接見地方人士、發號施令，我都是主動出去跑地方的。」

正因如此，關中一回組工會，劉兆田也馬上辭職，才做了七個月，因為他自己也明白兩人不同調。那時吳伯雄因為在公賣局的一個案子跟徐立德槓上被打下來，暫時投閒置散，之前關中也曾建議蔣彥士讓吳接了黨中央祕書處主任。黃昆輝則是關中革實院國建班同學、師大教育研究所碩士，省府教育廳長，在教育界頗有影響力，曾請他專門輔選過新竹市長任富勇而勝選，和關中交情甚好。但兩人最後都未獲李煥採納。而李煥決定採用的馬鎮方，對地方基層幾乎是完全不了解，他酒量很好，還能唱京戲，可是台灣地方懂京戲者實在太少，是完全不同風格的兩套邏輯。而且對各縣市派系生態、地方社團、名人、社會關係等情況，基本上很不了解也未能深耕。

對關中來說，八九年最大的痛苦是台北縣（尚未改制升格為新北市）的敗選，台北縣是黨主席的故鄉，李登輝自然有他的想法主見，而這就牽涉到第三點失敗的原因，在於當時選戰策略與人選的破局。

當時李登輝希望時任台北市黨部主委的陳金讓（後任國大代表、代理國民大會議長、總統府資政）來選縣長，而且早在選前一年多，李、關二人都已跟他說好，陳金讓也答應了，不料過了一年等選前要開始辦理黨內提名時，陳金讓竟突然跟關中說他不選了！什麼原因也講不清楚。關中趕緊向李登輝報告，李氣得大拍桌子痛罵，還立刻把陳金讓的市黨部主委拿掉，要「發配」他到一個黨營事業最小的單位去，後來是宋楚瑜雪中送炭，還給了陳一個政策會副祕書長。

但這個「臨陣脫逃」的狀況可把大家害慘了，關中趕緊委託台北縣的朋友做民調，民進黨那時已確定是當紅的尤清（黨外第一位監察委員、民進黨建黨十人小組成員、曾任立委、台北縣縣長、駐德代表）出來選，結果民調做出來，黨內只有時任立委、號稱「政治金童」的趙少康一人能贏尤清，而且是遙遙領先。關中把這個結果提交建議李登輝，但李登輝板著臉說這個不必考慮，並轉交現任縣長林豐正去研究處理後續狀況。

林豐正是一個傳統地方派系思惟的人，他第一句話就問關中，趙少康一個外省人，他票在哪裡？林豐正想提名他太太那邊的親戚、一位姓林的局長，而且要黨中央直接提名，誇口不必初選就保證當選。但十三全後初選已是黨的政策，關中堅持並須經過初選，林也不答應，後來只有台大教授李錫錕最積極，李又有中和林江派家族的支持，經過初選黨員投票和黨員評鑑，李錫錕都參加並勝出，最後獲得黨的提名競選縣長。

為了進一步挽救台北縣選情，關中苦思巧思之下，想到了去遊說陳萬富（曾於一九八二年當選縣議長，後因議長賄選案被起訴，在一審及二審時被判有罪，經三年纏訟，最終無罪定讞）參選省議員的奇招。關中的構想是，台北縣是全台人口最多的第一大縣，人口主要集中在三重、板橋、中和、永和、新莊、蘆洲等七個地區，陳萬富是三重幫真正的大家長，而三重的選票結構一向偏綠（黨外），用意是透過陳萬富選省議員連帶拉抬國民黨的縣長票，只要三重輸在二萬票以內，李錫錕就會贏。

關中勸進陳萬富先後達十一次之多，不斷地關心探望，說服他放下身段選省議員，最後居然被他說動了；不料又是在登記前，被邵恩新給「押到」日本去不讓陳登記，理由是怕影響到另一個省議員的票源。結果關中的奇招就這樣被另外的「有心人」給破了，最後三重地區輸了三萬七千票，整個台北縣國民黨只輸了四千票，「我這招如果成了，陳萬富的票能帶過來就贏了；先是省黨部用人不當，然後我做這些策略計畫都有人暗中破壞，使得我前功盡棄。」扼腕之餘，關中只能徒乎負負。

緊接著，繼上一屆選舉主題的「明天會更好」，八九年選舉文宣的主題叫「青年之愛」，強化國民黨十三全後新時代的新形象，主打年輕選票，委由李復甸統籌辦理，先在全台各地分區辦活動，最後再回到台北縣林口舉辦總造勢活動大會，現場並請來當紅的張雨生演唱「我的未來不是夢」。但這項活動，李宋二人都不太認同，也不是很支持，選後宋楚瑜一度還調查活動經費的流向。

開票當晚，李宋關三人都在主席辦公室內看開票，結果出來輸了七席，尤其台北縣與彰化縣都是大縣，李登輝臉色非常沉重，關中當場表示負起輔選全責，即刻辭職，宋楚瑜也馬上說不不不，應該由他負責。過了兩天，宋楚瑜便來跟關中說，「一中兄，主席已經同意你辭職，就做到這個月月底。」再兩天，接任組工會主任的蕭萬長就來看望關中，正在辦公室裡與關中在談話時，宋楚瑜推門進來，對蕭說都為你安排好了，兩個副主任（荊鳳岡、詹春柏）也一併辭了，彷彿視關如無物。關中底下兩個副主任、三個總幹事、大概十幾個人在一週左右的時間內迅速「掃除更新」。

「李登輝倒沒有怪罪我選舉不力，他很清楚我在其中所花的工夫、還有我每天跑基層拜託每個里長、馬鎮方因素的影響，他知道我盡了力，情治系統也都有報告給他。」李登輝召見關中時，講話口氣很好，也委婉地對關中說：「我知道你的委屈，你的副祕書長不能辭。」關中堅辭，李則說先別辭副祕書長，起碼留任半年後再說，並為關中安排了一間辦公室，半年間也找他談了五次。

關中當然也了解李登輝私下對他還是不錯的，或許李不能兼顧、也不能得罪宋楚瑜，只好割愛關中了；半年後關中正式辭去黨職，被發表為中廣董事長，那時他還有一個月滿五十歲，也結束了他十四年黨的全職工作。

再回顧八九年選戰的兩大敗筆，一是台北縣，另一個是彰化縣。「台北縣不能輸，但情勢很險峻，因為人選太弱，而且倉促成軍，我們只能盡力搶救⋯如果陳萬富這張牌打成功還有機會，但卻被破局了⋯⋯」但彰化之敗，關中坦言卻是意外的，「彰化是因派系攪局，在紅白兩派爭取提名時，白派是施松輝，紅派是王顯明，王跟中央的關係非常好，搞體育出身，跟後備軍人楊亭雲、足球協會鄭為元這些系統都很好，提名過程中都來為王講好話，施是刑警出身，我相對反而跟他較不熟。初選結果是施贏，而且白派在成長、團結，紅派卻是在分裂萎縮，當時外界說我偏袒誰，其實我跟王更好，但我依初選結果只能提名施松輝。」

當時國民黨白派的票鞏固得不錯，結果投票前有個賭博事件，有選民被抓到警局去，立委林炳森去說項化解，還打電話找施松輝也來，認為兩個人一起施壓更有用。民進黨聽到風聲後立即將以擴大，批判國民黨候選人施壓警方包庇賭博、進而抗議遊行，演變成芬園事件，最後被民進黨的周清玉翻盤險勝。

在上世紀八〇至九〇年代初期，台灣省二十一個縣市長的選舉，關中認為國民黨輸贏在五席以內都是可以接受的，有幾個地方如宜蘭、嘉義、台南、高雄幾乎是沒有勝算的，所以他八五年輸四席，就是贏的了，因為本來要掉五席甚至更多的；八九年輸了七席，算是有史以來輸最多的，後來九七年吳伯雄當黨祕書長時輸了十三席，那就更慘了。「我當省黨部主委時能贏，但當組工會主任時贏不了，就是前面說的那幾個原因。省黨部直接帶兵打仗的人太弱，參謀本部就累死了，而且我的策略都被破壞掉……為什麼我那時選舉覺得有點孤軍作戰，得不到中央的信賴支持，因為我過去在台北市、台灣省的幾次選戰，我可以感受到黨中央對我的全力支持，但這次我在中央根本沒此感覺……」關中無奈也痛惜地說，宋楚瑜那時對他是若即若離，也很少來關心問他的需求，「好像選舉是我一個人在打一樣。」

另一個微妙的現象，則在於李登輝那時有些自滿、信心太過，認為他一接任大位，國民黨十三大一開，黨政定於一尊，加上民主化、多元化之後，他台灣人總統在民間的聲望很高，已經無人再能挑戰、也不敢違逆他。有一次李登輝指示關中要某人去參加選舉，關中回說去看望這人幾次都遭到推拒。李問：「他什麼理由？」關回：「他說怕得罪一些人。」李登輝說：「好，那你把他叫來，我來問他。」那人來了以後，李登輝開始時還笑咪咪地，客套話幾句後便問他：「關主委叫你選，你為什麼不選？」這人又說了一次：「怕得罪一些人。」只見李登輝把桌子一拍，板著臉說：「那你就不怕得罪我嗎！」嚇得那人趕緊陪笑臉說：「不敢不敢，主席我不敢……」

當時很多人已感受到，十三全之後，李登輝連坐椅子的姿態和走路、講話的口氣神態，都已經完全不同了！「李登輝這人真的有霸氣，他掌握大權，也敢作敢為，只要他決定了，要人有人、要錢有錢，他常常對黨籍候選人說：『有問題找關主任，我包了！』還會拍胸脯說：『我既然叫你選，我一定負責到底！』」而且李登輝說到做到，還會打電話給關中關心交代，詢問某某人情況怎麼樣了？「我說還好，李登輝馬上又問錢夠不夠，不夠再加點！哈哈哈，在選舉期間，凡是他的愛將都會叫我再加碼……」

「所以不談理念權謀、個人好惡，他真是個罕見的領袖人才？」我問。「論謀略、氣派、江湖味道，真的沒話講，而且他恩威並濟，能屈能伸。」關中不禁回憶起在臨中全會主流非主流各自集結那天早上，雙方都戰戰兢兢，還摸不透對方實力的底，李登輝已經知道關中是站在非主流這邊，雖然關中不是要角，但李認為關中能動員黨務系統、影響很多人，所以李臨時還是找了關中來問：「你能不能幫我忙，不要反對我？」關中回說：「報告主席，很抱歉，現在已經太晚了，如果事先跟我說……」「算我求你，幫我忙，我不會忘記你，你知道我一直對你很好，在很多人面前我都肯定你的能力操守，我知道你受了很多委屈……我以後會好好補償你的……」「謝謝主席，但……」看著一個國家元首、執政黨主席這麼低聲下氣的請求，關中也深感不忍，幾乎有點手足無措起來，只能趕緊告退離開。

在李登輝心目中，關中終究是晚輩與部屬，沒有任何權力上的矛盾，甚至可以說還有著某種「遺憾的欣賞」；倒是同輩的關中和宋楚瑜，因緣際會地形成了微妙的「瑜亮情結」。關宋兩人最有名的公開對話，是在國民黨十三全的三中全會時，宋楚瑜稍早向媒體說「我與關先生是『肝膽相照』」，關中則在會內公開發言回應「我的肝不好，膽也嚇破了」，獲得場內極大掌聲；從肝膽相照到肝膽俱裂，也成了那個時代政壇上令人玩味調侃、津津樂道的名言。

第八章

卸黨職創民主基金會，參選立委討公道

宋心濂：誰會把你當學者？李登輝：你的票要自己想辦法

選立委嘗盡打壓、人情冷暖
真提名假輔選，苦戰過關

一九九〇年中，關中完全辭卸黨職一身輕，七月一日接任中廣董事長，接著便創辦民間智庫性質的「民主文教基金會」，並選在國父孫中山誕辰紀念日（十一月十二日）於台北凱悅飯店舉行成立大會，現場不僅冠蓋雲集，各方好友更如雪中送炭般地祝賀贊助，創下超過六千多人到場破紀錄的空前場面。當天許多中南部朋友特別包機包車北上，舉著大旗、捧著關公像進場，因為大家一向都叫關中「關老爺」，並以此實際行動來肯定他是個忠黨愛國、有情有義的人。基金會「以學術發揚民主，以民主再造中國」為宗旨訴求，學術界、政治界均表認同，陳立夫還以此親書一幅對聯贈予關中。

「其實李登輝對我一直還是不錯的，他肯定我的能力操守，知道我的表現努力，但是他身邊的人必欲除我而後快，甚至對愛護我的長官說受到那些人的挾持，只能二選一。」後來在關中當選立委之後，除了中廣之外，又要他接任黨營事業裕台公司的董事長，這也都是李登輝的好意，希望即使沒有用關中，也能讓他繼續和國民黨保持某種關係。

「當初李登輝要我再留任副祕書長半年，是不希望留給外界有分裂之感，但這太抬舉我了，我有什麼資格能分裂國民黨呢？」儘管關中這麼想，但當時報章雜誌上仍不時有不具名的黨中央人士暗指關中「結黨營私、欺上瞞下、亂花經費」等罪狀，連中時、聯合兩大報老闆請他吃飯時，都問他外頭怎麼傳成那樣？「這些不實的謠言傷我人格太甚，我絕不接受，如果不能洗刷清白，我再做任何工作也毫無意義！」

關中立意離開黨職以後，就已決定要投入選舉，以民意來洗刷汙名，還給自己清白，而成立民主基金會就是一個宣示行動的開始。李登輝非常不願意他真的離開國民黨，還問他是否願意外放出任大使？關中當然也不接受。「後來逼急了問我到底想怎樣？我說我要選舉時，他們又緊張了，以為我要造反搗亂，但有這麼多人同情我、為我不平，事實上這就是我的底牌。」其實關中並沒有什麼暗中籌劃的陰謀，而是要光明正大地討個公道，成立民主基金會就是累積人氣，為了兩年後的立委選舉，所以他在又延任半年副祕書長後，等到要離職前才說。

接著包括蔣彥士、李煥、李元簇、宋心濂等一干大老、長輩都被派來勸阻，其中蔣彥士來勸過最多次，關中先說「我選不好引咎離開，我無怨無悔」，但蔣彥士勸關中不要成立基金會、選立委，以免對黨造成不良影響，說到都哽咽了，關中也只好把自己的心境剖白得更多：「謝謝彥公您這麼信賴我、愛護我，那是因為我們之間有牢不可破的互信，而您也相信我的操守，我會使命必達。但我和李登輝之間有這個互信嗎？如果有，他會看著我被人家這樣踢出黨嗎？難道我給黨打了十年選戰，全都是罪惡？都是給黨造成傷害嗎？」蔣彥士聽到這裡，抿著嘴不講話了。「如果長官信賴我，要我掃地都心甘情願，不信賴我，有什麼好做的！很簡單嘛，他今天讓我做，三個月後就可以把我拔掉了嘛！任何一件事都可以變成理由，我為什麼要賤賣自己？所以人啊，要知道自己的價值，不需要過度委曲求全。」話都說到這個份上，蔣彥士也無言了。由於來勸的人太多，為此關中後來還出國唸了一年書避開種種干擾。

其中最讓關中絕倒的是，被非主流派鎖定為「清君側」目標「兩宋一蘇」之一的國安局長宋心濂，因為跟關中原本就熟也來勸他。關中先是回宋說，雖然他離開學校很久有點生疏了，但他以前就是辦雜誌、教書，也一直想回學術界，現在有這個機會重回學術界，有什麼不對？沒想到宋心濂一句話頂回來：「問題是，你不是學者！」關中一聽也傻眼了：「啊？我怎麼不是？從唸書、教書，我就是……」只見宋心濂瞪著關中：「你說你是學者，不但我不相信，哪個人會相信你是？除了你自己、全台灣還有誰會認為你是學者？你是國民黨的政治人物，選戰打了那麼多年，外面叫你戰將、關老爺，現在變學者，誰會信啊？你就不要搞這個造成黨的分裂了！」

宋心濂這番話雖然刻薄了點，倒也十分傳神，關中雖然心知肚明自己的「形象」很難回得去，但堅持無論各種壓力，他都不會妥協。

一開始關中就打定主意，要正大光明循正途參加初選、爭取黨的提名，而非自行參選；所以先成立民主基金會，形成一股匯集聲勢人氣的力量，然後辦活動，全台環島一遍，再來是走向海外赴香港、美國學術界、僑界、政界分別拜會活動，營造媒體熱度，維持動力，累積聲望，最後回到台灣跑基層、文宣造勢直到選前。如今看來，大家難免會有一種熟悉之感，這一套選戰ＳＯＰ就像是要選總統一般，選個立委何須如此大費周章；但關中畢竟是關中，在台灣面臨民主政治大轉型的十幾年間，他曾督陣經歷過台灣最激烈的許多選戰，既然曾經滄海難為水，他一出手就是名門正派高規格，而且以他的資歷和知名度，到哪裡、做什麼，都會是媒體的焦點。

正因如此，關中當年的美國訪問之旅，途中引發的話題風波可謂不斷，還傳出海工會沿途打壓關中的爭議；而在台灣新聞界從國內到美國，形象與個性鮮明的關中與宋楚瑜，本就各自擁有欣賞或支持他倆的媒體人，當時報紙上為宋關兩人批判對方、互討公道的筆戰，從台灣打到海外僑社，更是引人側目。

而在台北市如何打好、打贏選戰，才是真正的重頭戲。要說身經百戰的關中心裡沒有壓力，那肯定是假的，操盤幫人選跟自己上場選，完全是兩回事，關中不但要贏得裡子，也不能輸了面子；甚至連當時的媒體都說關中是「自殘」，選戰操盤多年，竟然落得要跟自己培養出來的後輩一較高下。

「選舉一個靠人，另一個靠錢，當年我成立總部、分區找人，我找人是容易的，但說實在那次選舉我不應該、也不需要花了那麼多錢的，但人情啊，就是會不請自來，例如原本若只需三十人，卻一下子來了六十人，這些多出來的人情都是要負擔、也要還的。」關中苦笑著說，像他的岳父（張國英）很多老部下怕黨中央打壓他，就紛紛主動跑來幫忙，於是他就先跟許老爹（許歷農）報告，希望把黨籍遷到黃復興來選，比較有保障，「老爹很高興，軍中真正幫我的只有老爹，然後我又跟郝院長（柏村）說我要選舉，但台北市北區黃復興只有一席名額的實力，如果我和趙振鵬都選會都上不了。」郝柏村聽後表示：「沒問題，我來跟他講。」結果宋楚瑜堅持仍要提名趙振鵬，所以北區變成黃復興提兩名，票源高度緊綳，而關中後來則在黨內初選贏得第一名。

但這只是開始，真正的困境緊接而來，所謂如人飲水，冷暖自知，何況關中從選戰中水裡來、火裡去，任何一點風吹草動，他尤其敏感。「我是黃復興黨部輔選的，黃復興屬退輔會系統、力量有限；趙振鵬則是國防部輔選的、力量無窮，負責的是楊亭雲手下的一名中將，這人說了，我們這個選區黃復興支持的只有趙振鵬委員，而且一定要連任，所以關中非打死不可，而且我要讓他死得很難看。」於是關中到軍眷區拜票就進不去了，因為國防部下令除了趙振鵬之外，其他人不准進去。

而黨部各種明來暗去的打壓，也讓關中不斷感受到人情冷暖、現實冷酷。宋楚瑜一路拔擢的心腹市黨部主委簡漢生到處說，關中的票太多了，我們要讓所有提名者都當選，不能讓關中一個人吸走；這話就算說得在理，但傳到候選人耳理，會作何感想？結果也必然傷關。而且在投票最後關頭，簡漢生也把手中掌握的機動票全部灌給了趙振鵬。

「還有過去我在台北市提拔的幹部聽說我要參選，一開始都好高興地圍著我，又跳又叫說要來幫忙，但到了選戰後期，卻開始避而不見……有的區黨部一聽說我來了，書記、幹部馬上跑掉……」更離譜的是，選舉最後一週要發出動員催票單，關中的選票登錄明明是十七號，動員單上竟「故意」印錯成七號，立刻跑去理論抗議後，「那個書記還不願重印說是沒錢了！」像這類的暗虧不知道咬著牙吞了多少！

在黨情、人情皆不可靠，倍感世態炎涼之際，這時候李登輝反而對關中還不錯，選前有一次召見提名同志並照相留念時，李登輝突然抓著站在身旁關中的手，小聲地說：「關中啊，我告訴你喔，你的票要自己想辦法，不要太依賴黨喔，要靠黨你就死定了……」雖然沒有實質的挹注，但對於李登輝善意的提醒，關中仍然感動也感謝：「李登輝這麼多年來可能不喜歡我、對我很氣憤，但他不會討厭我，更不會害我。」

關中說他自己很清楚，要選下去不能不靠自己，他的小學同學從台中上來，一下來了二、三十位，有些女同學都已當奶奶了，他們挨家挨戶去拜訪，別人問你們跟關中什麼關係，「她們說我們是小學同學、上來幫他拉票的，我的票就是這樣一張張累積下來的。」另外一個小學同學是松山區最大里的里長，有一年某天晚上十二點她打給關中，說要選里長，請關中幫她多拉點票，關中連夜打了十幾通電話，第二天她就當選了，其他還有一些事情也都幫過她，十幾年來都維持好交情。「等我要選舉時，一開始她也很熱心，後來她跟我說，學長我沒法幫你了，因為黨部已經通知我負責的票全部劃給別人了……」關中問她：「以前我幫妳這麼多，現在都不能幫我一點嗎？」「真的沒辦法，上面盯得很嚴。」女同學無奈卻冷冷地回。

過去關中擔任省市黨部主委時，很多里長恐怕連想見他都還見不到，但現在關中卸下黨職，而且被視為失勢，加上自己要選舉得去拜託基層里長，這下子又讓人看到了人情冷暖的現實。前往拜託拉票時，有些里長翹著腿、抽著煙說：「好啊、可以啊，這個週末要辦里民活動，是不是先拿個十五萬來贊助……你看，哈哈哈……」關中的苦笑，盡在不言中。也有人提出想抓年輕選票，所以要求先幫里上弄個籃球場，像這些趁機要求先贊助、然後再說的情況，可說屢見不鮮。

還有些熱心過度得讓人哭笑不得：「我岳父部屬中有些是幹過師長退役的將軍，他們都說要帶人來幫忙，我成立總部時，他們說也要進駐，我也不敢得罪他們，進駐後要完全比照地方黨部編制人員辦理，每天有多少人來辦公、多少人出去、請客等等都要申請款項……」稍有不順心的狀況，這些熱心人士就會發火、抱怨遭到「大小眼」的待遇，有時到了晚上還會來關中家，喝得臉紅通通，跟關中太太要公關交際費；問他們：「何必這樣喝呢？」他們回說「不喝哪有票嘛！」關中說他們或許是把他當自己人，但不清楚選舉情況的候選人，真的會被這些人嚇死、欺負死，所以他就只選了這一次，後來當邱創煥找他到銓敘部，他馬上見機脫離苦海。

在此次選舉中，由於朝野兩大黨的高額提名策略，導致票源綳緊，在臺北市南、北兩區各八名的提名人（兩區應選各九席）中，各有四人競選失敗，全市四位報准者亦全部落選，國民黨也因此遭受到前所未有的重大挫敗。由於黃復興在北區提名兩名，加上該屆有王建煊辭官參選的大吸票效應，結果本來最被看好的關中，在前述因素兩面夾擊下，最後雖然還是當選，但只拿到三萬六千票，名列第六位，而這個結果在投票前關中就已估算到了。

投票揭曉，第一名是王建煊、陳水扁第二、謝長廷第三、丁守中第四、林濁水第五，趙振鵬以兩萬票吊車尾選上，黃復興黨部提名的兩人最後有驚無險地都當選。

郝柏村闍揆保衛戰，強勢操作「高關配」

高育仁被李登輝呼弄？郝柏村硬逼關中
新連線引領風騷，出走創立新黨

中華民國第二屆立法委員選舉，於一九九二年十二月十九日舉行，選出第二屆立委一六一席，包含一一九席區域立委、六席原住民立委，三〇席全國不分區立委和六席僑選立委。這是國民政府遷台於一九四八年舉行的第一屆立委選舉，經過四十四年後首次進行的國會議員全面改選，也是關中唯一一次親身參選，正好躬逢其盛的選舉。

該次選舉結果，國民黨以過半票數獲得一〇二席，而民進黨得票率則首次超過三成，攻佔五十一席，無黨籍斬獲七席；民進黨席次不僅首次超過法定提案人數，且佔了立法院總席次三分之一，國民黨可謂慘敗。有七位當選者係國民黨籍，但在競選期間以無黨籍身分參選，其中除蘇火燈外，其餘當選人均為新黨前身的「新國民黨連線」成員。

新國民黨連線是國民黨內的非主流派問政團體，一九八九年八月形成於立法院，一九九〇年正式成立，由趙少康、郁慕明、李勝峯等黨內的青壯派立委組成，主張「黨務改革民主化」；隨著二月政爭逐漸白熱化，主流非主流之爭吹響國民黨分裂的號角，在立法院則形成「新國民黨連線」與「集思會」的代理人戰爭。新國民黨連線成員本省外省各半，以趙少康、郁慕明、李勝峯、陳癸淼、周荃等人為首，個個能言善道且戰鬥力十足，在政治路線上強力批判李登輝；集思會則清一色本省籍，成員包括黃主文、陳哲男、吳梓、饒穎奇、紀政等，扮演挺李急先鋒角色。

一九九二年底國會全面改選，多位未獲國民黨提名的新連線成員以無黨籍身分投入選戰，紛紛獲得大勝，其中除王建煊辭去財政部長在台北市參選形成旋風之外，辭去環保署長的趙少康跨區在台北縣參選，更是造成超級颶風，一舉囊括二十三萬五千多票；超量吸票下，得票數竟比該屆立委選舉第二高票多出了一倍，導致同選區立委得票數超低猶能當選的奇特景象，實為台灣選舉史上所僅見。

該年立委選舉集思會成員高舉台灣國民黨大旗，雖然得到黨中央的強力支持，結果卻非常不理想，多人高票落選，但無損他們在李登輝心目中的地位。集思會要角後來多半投靠民進黨，陳哲男當了陳水扁的台北市民政局長、總統府副祕書長；黃主文成了台聯黨主席，兒子黃適卓則參加民進黨；紀政則在東奧公投中扮演急先鋒，完全無視當年她一手催生的「中華台北」。

由於新國民黨連線在立委選舉大有斬獲，成為黨內最強而有力的反對派，對李登輝而言有如芒刺在背，雙方關係愈趨緊張，一九九三年八月新國民黨連線集體出走成立新黨。

郝柏村此時就任行政院長已經兩年半，比當初李煥已多了一年半，但在這兩年多的期間裡，李郝較勁、府院不和常常是政治新聞的頭題與內幕焦點，郝柏村的施政與言行作風，更是不斷遭到民進黨團乃至國民黨內集思會立委的杯葛批判；就在這樣的環境氛圍下，在九三年二月新立法院開議前，知道李登輝對他不滿、不信任且即將動手的郝柏村，開始思考如何絕地大反攻，以保住閣揆位子。

「郝柏村當然想繼續做下去，你看他提出六年國建計畫，當時李登輝身邊的人就說了，郝柏村太天真了，總統一任是六年（那時尚未修憲直選改成四年），你以為就會給你院長也做六年嗎？這都是政治上的算計！郝或許心想，你既然把我從非主流拉過來做了閣揆，我為了表示效忠，做好行政院長，提出六年國建，大家就好好配合做下去嘛。

但李登輝怎麼會這麼想呢？我只是利用你嘛……」關中旁觀者清地看著新的形勢推演下去，而這段期間郝柏村出手做了最後的努力，這也就是「高關配」VS「劉王配」爭奪國會正副議長的另一場代理人之戰。

當年國會全面改選後，為什麼會出現自行運作的「高關配」挑戰黨中央的「劉王配」呢？至今仍有些謎團未解，說法兜不攏。有一說是李登輝授意高育仁出來選立法院長，並建議他找關中搭檔參選。但當時黨祕書長宋楚瑜的口袋名單是劉松藩搭配王金平，「高關配」既是衝著挑戰主流派而來，李登輝豈有搬石頭砸自己腳的道理？而且宋楚瑜那時「聖眷正隆」，即使九二年立委選舉慘敗，李仍是曲意迴護，在避開各方撻伐兩個月後，更高升省府主席，以此等寵幸，李怎麼會對宋打臉毀其規劃？

因此最合理的邏輯應是以郝柏村的推動為主，高育仁也表達強烈意願，李登輝則是被動回應高的構想，甚至可能是客套性的應和。至於還有人說是李騙了高，和宋楚瑜唱雙簧，目的是藉機誘高出來選立法院長，再讓他選得灰頭土臉，給他下馬威？這恐怕又是另一種劇本，而且已無證據了。唯一可以確定的是，關中在這一局中始終是被動的，而且他既無意願，也不覺得有此可能成功。

一九九二年底的選舉結果，使得陷在惡水中浮沉的郝柏村，彷彿看到了一搏翻身的機會，反李登輝的力量在立法院已有基礎，而且包括王建煊、趙少康、郁慕明、李勝峯、周荃、陳癸淼等，都是能言善道的菁英，那時新連線支持者又以層次高的中產階級為主，郝柏村就想到了找曾任省議會議長多年的高育仁選立法院長。加上那屆省議員進立法院的也特多，兩股力量加起來，透過選上立法院正副院長，足以向李登輝展現「護郝」的實力；至於找誰搭配呢？郝柏村就點名關中！

高育仁來找關中提出邀請，但關中一開始就說從李到宋都不可能支持高關配的，除了李宋不會真的支持高，「我就是他們不能接受的。」高育仁則說：「不會啦，我去看過李登輝，他認為我們這組搭配最好，他全力支持，還一直稱讚你。」那時已知黨中央提出的是劉王配，關中只能一直苦笑婉言告訴高育仁：「真的不要太天真了！」

高育仁為什麼如此自信，甚至與外界的看法落差如此之大？當時的媒體即有報導分析，他跟李登輝在省府、省議會平起平坐那麼多年，即使李已貴為總統黨主席，但聰明外露、自視甚高的高難免養成托大心態，有時得罪李登輝猶不自知。

台南縣的地方派系原分為山派、海派，高當選省議會議長後，羽翼漸豐，自成高派，李登輝在一九八八年登上大位，但高育仁在八九年省議長卸任後卻被李冷凍了三年，才又當選立委，此中三昧，政壇行家便懂。

另一個讓李登輝不喜歡高育仁的原因，來自於先天結構上的角色矛盾。那個時代的台灣地方議會是標準的金錢掛鉤、利益結合，在中央，立法院長不會和行政院長作對，但在地方議會，常會見到議長和首長是對幹的，這些省議員仍是這種地方議會的心態與作風，不會讓你省府首長太好過；至於誰來帶頭操作這種權力遊戲呢？就是議長。但因為是同黨，所以會把張力繃到最大，但不能破裂，否則就玩不下去了，美國也有這種狀況，到一定程度就該收手，不然一無所獲。而高育仁就扮演這個角色。

關中提醒高育仁，對李登輝說要支持他的話得持保留態度，不能太相信，另一方面，郝柏村也把關中與一些支持他的立委找來，明確表示說應該與高育仁搭配，有機會選上立法院正副院長，現在新連線立委士氣正旺，一提到關中大家都沒話講，「我變成趕鴨子上架……如果我不答應的話，這局就成不了嘛，高關配弄不成，郝先生保衛戰洩了氣，我豈不成了罪人？」至此關中只好被硬逼著配了，由於雙方估票勢均力敵，內部在算票時，他還特別提醒關鍵在原住民立委的票，因為這幾票是最容易「鬆動」的，「我不能講那麼明，結果他們什麼都沒做，最後這些票全被黨中央給拿走了。」

高關配參選的結果使國民黨內出現了兩組人馬，必須經過黨內初選才能決定誰出線，也被外界形容是宋楚瑜派的劉松藩、王金平對決郝柏村的高育仁、關中。黨籍立委假投票過程也的確驚險，兩組人在第一輪的票數都沒過半，直到第二輪投票才分出勝負，「高關配」以四票之差敗給了「劉王配」，也開啟了之後二十年劉松藩、王金平相繼擔任國會議長的時代。對高關配的結果，關中一點也不意外，只是又一次驗證了「有些人永遠朝對自己最有利的方向想，而不往不利的方向作預防，如此怎能不敗呢？」

沒配成後，郝柏村仍不放棄，那年春節時初三，他把關中等幾個核心立委找到他家，郝柏村說：「我今天要跟李登輝談判，敲定立法院新會期閣揆的人選，是我連任或者另找他人，目前狀況不明，但是我要當面向他表達我強烈的意願；而且在立法院還有你們這麼多人支持我，我相信他不敢把我拿掉，現在一切未知，但已經約好今天要確定講清楚，你們在我家等我，中午前我就會回來。」眾人都不敢離開等消息，近中午時郝柏村回來，臉色鐵青地說：「破局了！簡直不可理喻、莫名其妙！」一九九三年二月二十七日立法院開議，郝柏村任期結束，李登輝提名連戰接任行政院長。

該屆全新改選的立法院進行總質詢時，新國民黨連線對被視為李登輝接班人的連戰，展開了猛烈的砲火轟擊，當時關中被新連線立委們奉為老大哥，希望他能擔任批連的主砲手，但關中一開始就表明立場，強調連戰過去一直是他的老長官，他絕不可能配合新連線痛罵連戰。而隨著趙少康、郁慕明領導的新連線與李登輝、宋楚瑜主導的國民黨中央，雙方關係愈來愈惡化，新連線在五個多月後徹底與國民黨決裂，宣布創立新黨。新黨主要的幾位領導人都算是關中過去陸續培養出來的子弟兵，不僅淵源甚深，也都一直和關中維持良好的關係，後來國民黨中央要和新黨溝通協調時，有時還要透過關中居間聯繫協調。

一九八九年新連線和集思會鬥得最兇時，關中那時擔任中央組工會主任，時任黨祕書長的李煥對他說：「立法院現在鬧得不像話，新國民黨連線和集思會在搞對立，這樣很不好，你去協調他們各自解散掉，不可以這樣鬧下去。」當時年輕的黨籍立委自主意識極高，而且人人力求表現，哪是黨中央能說解散就解散得掉的，這絕對是個超級燙手大山竿，不僅違反民主發展潮流，而且不可能處理得好。

關中當然知道其中的難處與矛盾，他並不直接就回說這根本辦不到，而是改採迂迴的比喻：「報告祕書長，我們國民黨從建黨以來，什麼時候沒有派系過？而根據政治學原理，政黨的party來自part，本來黨就是不同的『一部分』；本黨在大陸時期就是派中有系、系中有派，即使老一輩立法委員也是一樣，有CC派、團派，政策會祕書長和立法院副院長一定分屬不同派系，這就是平衡的道理。」說到這裡，關中清了清喉嚨，再轉個彎笑著說：「所以派系一方面是政治現實，另一方面也是人性、物以類聚，祕書長您家裡四位子女不也分成兩派嗎，您能擺平嗎？」

李煥聽到這裡也火了：「你這小子，扯到我家幹什麼！」由於李煥家中四名子女為了家事財產水火不容，爸媽分別支持兩派子女，當時鬧得政壇和媒體皆知，關中這一「提醒」雖說打到李煥痛腳，但並不是公開提起，更讓他無話可說；雖說這次的關式幽默有點「危險」，但此後李煥再也沒對關中提過「解散派系」這件事了。

關中和新國民黨連線（新黨前身）淵源甚早，「革命情感」也極深，幾位創始人都是關中在輔選中培養出的人才，「郁慕明、趙少康是一九八一年我在台北市黨部主委時當選的市議員，他們的口才、學識以及在議會的表現都非常傑出；當時台北市議會，黨外號稱有三劍客陳水扁、謝長廷、林正杰，國民黨也有三傑郁慕明、趙少康、劉樹錚，在市議會只要有他們三位在，黨外的氣燄就完全被壓制下來。」除了在市議會的問政，在八三年立委選戰時市黨部的選舉策略、文宣，郁趙等人也大力投入，還直接負責輔選對象。

關中到省黨部後，他們更成為關中正式的文宣幕僚，在內部成立了一個ＡＢＣ戰略策劃小組，腦力與火力支援整個台灣各縣市的選舉，後來到了組工會，大家關係一直維持不變，把關中當老大哥尊重看待；到一九九〇年關中辭卸黨職，成立民主基金會時，新連線眾人也都是主要成員，二月政爭時，這些人更都是堅決支持非主流的反李要角。即使連戰、馬英九的歷次選舉只要關中出面吆喝一下，新黨這些老友都會盡力投入關中的輔選陣營。

一九九三年關中還在任立委時，趙少康、郁慕明決定從國民黨出走創立新黨，趙少康來看關中說要成立新黨，並邀關中來領導他們。關中首先表示和趙郁等人理念相同，對他們的表現十分肯定，十幾年來於公於私都是合作無間，「我支持你們，但我不會離開國民黨。」關中明確地說：「我一生受國民黨栽培，為國民黨打仗，李登輝在國民黨是一時的，國民黨對我是永遠的，我不能因為一時的失意就離開國民黨。」

關中強調，「國民黨對台灣有重大的貢獻，國民黨誰對我好不好，這不重要，重要的是我信仰三民主義，認同國民黨的理念，我是國民黨的生命股，愛黨是我一生的政治理念，永遠也無法割捨。」趙少康聽後表示尊重理解，而這段話，無疑是關中已把國民黨融入其生命ＤＮＡ的寫照。

一九九六年上半年，許水德卸任黨祕書長、轉任考試院長，李登輝找關中接任考試院副院長，在未修憲前仍須經國大行使同意權。那時新黨處於擴張狀態，在立院、國大一下子成長不少席次，聲勢浩大，且和國民黨處於微妙鬥爭的關係，有很多選自中南部的新黨新國代為求表現，也跟著民進黨起鬨呼應，宣稱要杯葛關中，要他為台灣的黑金政治負責。為此趙少康、郁慕明親自上陽明山跟新黨國代們溝通，讓他們真正了解關中和新黨的淵源與關係，強調「我們都曾是關中帶出來的子弟兵，他和我們的精神理念是一致的，你們搞錯對象了。」經過溝通化解，後來在行使考試院正副院長時，關中的同意票還比許水德高出不少。

對於新黨為何由盛而衰以及分裂的原因，關中認為，九五年前後新黨聲勢變大，一下子進來很多民意代表，其中很多未必認同新黨的理念，外來分子多了，內部也混雜了。另外就是也許新黨的領導人都太傑出了，堅持己見、不易妥協，內部就無法形成一股強大的領導力量，郁趙兩人都在或許還壓得住，但趙少康後來疏遠政治，忙於媒體事業，而早期新黨的老大哥陳癸淼，本可扮演穩定團結的「桶箍」角色，可惜卻太早過世了。

「新黨裡很多人都是正派、愛國心非常強烈的，但我當時就看出他們以後會分裂，像郁慕明、趙少康這種路線很難被他們的年輕人接受，郁趙當年離開國民黨是不得已的，是希望幫國民黨走回正道，從外面改造國民黨，將來有機會再回來國民黨。」關中認為，另外一些人參加新黨就是反對國民黨，而現在新一代的新黨成員更是如此。在台灣政黨政治不斷演變、愈趨多元之際，關中的看法當然也是仁智互見了。

感念邱創煥的敦厚愛護，轉任銓敘部長

一九九四年九月一日，在就任國會議員做了一年半後，關中因緣際會辭掉了立委，改去接任考試院銓敘部部長，這次換跑道，算是一舉避開了多年來的政治風暴，但從此也真正離開了政治中心。

說起這個大轉變，就得提起本省籍大老邱創煥，因為正是時任考試院院長邱創煥所促成的。「我這輩子很感激邱創煥，他可說是台籍政治人物中對我最好的一位前輩長者。」關中在任省黨部主委時，邱創煥是省主席，兩人在公務私誼上時有互動；雖然後來外面有許多人對邱有不少批評，但關中對這位「苦學出身的老實人」、「一路憑考試從基層僱員做起，為人處事忠厚勤懇，一路被肯定拔擢上來歷任要職的大老」，卻有更多不為人知的敬佩與感念。

一九二五年生的邱創煥，與李登輝、林洋港、許水德等人，都是蔣經國在一九七二年擔任行政院長，開始推動所謂「吹台青政策」所提拔的台籍政治菁英；而且進入政壇初期便嶄露頭角，一九七八年以五十三歲壯年之齡就已當上內政部長，在早期台籍政治

菁英中，比林洋港與李登輝更早受到重用。他在八〇年代還因行政院長孫運璿中風而以副院長之職短暫代理過院長職務，後來又擔任過台灣省政府主席、考試院院長。

最近披露的《蔣經國日記》中曾提到，邱創煥在內政部長任內一次黨中常會作政務報告時，報告了一個多小時，卻被捺著性子聽完報告的蔣經國指為「缺乏新的科學知識，沒有頭緒和條理，亦無時間觀念」，後來蔣經國在邱創煥任台灣省主席期間逝世，自此邱的仕途也難以突破，數次與更高層的職務擦身而過。

邱創煥最著名的當屬「關愛的眼神」這句話。一九九〇年初台灣進入李登輝時代，時任台灣省主席的邱創煥傳出可能取代李煥接任行政院長，邱創煥當時與李登輝見面結束，在媒體詢問此事時，邱說出與李登輝見面時「所感受到的眼神是愛護和關懷的眼神」，此話引來各種批評嘲諷，成為邱創煥留給台灣人最深刻的印象。

二〇一二年邱創煥舉辦新書《服務的人生》發表會時曾透露祕辛說，九〇年六月，李登輝在國民黨中常會要他隔天到總統官邸一趟；等他到了以後，李登輝說要他擔任黨祕書長，邱回到台灣省政府即「提辭呈請辭省主席」。不料第二天看報紙，李登輝等人都說國民黨祕書長不能動，「李登輝就是要騙我一張辭呈」。他又說，蔣經國逝世「就是黑金時代的開始」，而他對自己擔任台灣省主席時沒把握機會參選總統一事「後悔莫及」、「對不起蔣經國」。

提到這些往事，關中當然全都了然於胸，但是他也看到了邱創煥努力平實的另一面，「他當省主席六年，從沒出過一次國，我問他為何如此？他說要出去太容易了，與省府結盟的幾十個國家地區，有太多機會可以出國，問題是那只是陪大家出國去走走、玩玩看看，但我在台灣可以做多少事啊！」關中認為，邱創煥每天辦公、開會、下鄉，他很努力、務實，也想獲得上面的青睞，而像林李邱連宋這些做過省主席的人，好像都有個升官圖，從省主席到行政院長，再到副總統⋯：「邱創煥從省主席下來，只給他去當個考試院長，他嘴巴雖不說但當然覺得很委屈，因為政治人物到了考試、司法、監察這三個院，都會認為是沒落了、被打入冷宮了，像林洋港在省主席之後，做了短短時間的行政院副院長，接著被發表到司法院長⋯⋯」當時林洋港看到關中等人忙著在開會，還半認真、半玩笑地對他說：「一中兄，我好羨慕你們，我以後要遠離權力中心了，你們還要繼續打拼⋯⋯」可見政治人物還真是不能閒下來，一閒下來，某種空虛感就會襲上心頭。

關中在省黨部三年期間歷經大小選戰、處理協調省的府會黨政運作，這些努力與績效，邱創煥自然都看在眼裡，「他認為我在省黨部做得很好，他看著我每天跑，對我說一中兄你太辛苦了，有什麼需要要跟我講，我可以幫你忙。」看了那麼多在黨內做過事、後來到政府任職的人，關中說他還沒找到一個像邱創煥這樣忠黨愛國、這麼願意為黨解決問題的人。再舉個活生生的實例來說，在八五年縣市長、八六年立委兩項選舉之後，邱都會主動跟他講：「一中兄啊，選後有很多人事問題不好擺平的，我可以幫你很多忙，我為你保留了二十個職位，由你來分配，你看這樣好不好？」

「你看看，這些可不是一般的小職位，都是像省府委員、廳處長、省營事業董事長這樣重要的人事大位置，那是他的權位資源，他竟然願意主動釋出幫我，沒有一個人會做這種事，李登輝、林洋港都不會，只有邱創煥會！」關中感動莫名地說。而對於關中的無比感謝，邱創煥也只是以一貫溫和的口吻慢慢說著：「一中兄，我也是黨栽培出來的人，我知道黨務工作的辛苦……」

一九八七年初那次鬧出滿天風雨的監委選舉，關中備受各方批評，後來更因而下台暫避風頭，「我後來聽說只有邱創煥在蔣經國面前為我洗刷清白，他說關主委做得很辛苦、而且很成功，他十二席全拿，不是他的錯，是黨外提不出人選，而且他提出的人，在我看都是很適當的人選。關主委的品德操守是不必懷疑的，他處理得很有智慧，授權黨團去做，事後卻要他為此負責，這是不公平的。」關中說這是蔣經國身邊的人跟他透露的，但邱創煥從沒跟他說過這件事。

邱創煥的仕途最後停在考試院長，從此他鬱鬱寡歡，但還是保有一定的企圖心，他想選總統，於是成立一個小組找了關中、伍錦霖（考試院祕書長、後任考試院長）、陳炯松以及他過去省府班底的老部下們一起共商大計。但大家都認為不太可能，勸他從長計議，當時他心目中所屬意的副總統人選正是關中，覺得從省籍、年齡、歷練等方面的搭配，加上可獲得新黨支持，關中都非常合適；關中則只能搖頭感謝邱創煥的抬愛，當然後來整個計畫也就不了了之。邱創煥剛在二〇二〇年七月逝世、享耆壽九十五歲；他被拔擢重用的過程、從政風格、人格風範乃至後來的遭到貶抑批評，象徵著一個老派政治時代的遠去，以及民主新時代對政治人物不同的好惡評價，更引人無限的懷想與反思。

一九九四年七、八月間，當時的銓敘部長陳桂華辭職，陳桂華是關中岳父張國英陸軍官校的同班同學，一輩子都投身政府的人事工作，從國防部人事局長、行政院人事行政局長到考試院銓敘部長，做了二十年以上的人事行政業務。他那時八十歲請辭，李登輝問時任考試院長的邱創煥誰合適接？邱立刻建議關中，李登輝也欣然同意。關中更是正好脫離苦海，因為他當選立委後一則以喜、一則以憂，「喜的是千辛萬苦總算選上了，選上後所有對我的毀謗污蔑都煙消雲散了，中央黨部也要求我撤除告訴……我解脫了，但接下來就會想到，下次還要不要選？一想到這個就頭皮發麻，因為過程實在太辛苦了。」現在有人找他出任新職，關中立刻答應，然後陳桂華也約他去談，非常誠懇地傾囊相授，並對新工作給予教誨提示。

為了接任銓敘部長，關中一口氣放棄了五個職務，分別是立法委員、民主基金會董事長、亞洲世界社董事長、裕台公司董事長、國民黨中常委。「但是我很高興，這樣可以回歸我想要的自然簡單，因為我從來沒有政治野心。」沒想到兩年後變成考試院副院長，那時是五十六歲，當時的下一步是準備回政大，從燦爛回歸平淡，完成始終未完的學者夢。「但人生太奇妙，你要的得不到，你不要的偏偏送上門來。」關中如此感慨著，更沒想到的是他副院長當了四年，又因為二〇〇〇年的陳水扁勝選、民進黨執政而主動辭職，成為有任期保障的國民黨政務官中唯一因政黨輪替而提前辭職者。

全心全力助連戰選總統，惋惜宋楚瑜彎道超車

二〇〇〇年大選拜國民黨連宋分裂之賜，陳水扁以不到百分之四〇的得票率當選總統，迎來了中華民國史上第一次政黨輪替，關中因此辭去考試院副院長，心想既然「道不同不相為謀」，藉此離開政壇也很好。但是國民黨那時仍然擁有相當的實力基礎，並且積極與宋楚瑜尋求合作，在二〇〇四年重新贏回政權的機會頗大。那時黨主席連戰邀請關中到黨的智庫擔任內政組召集人，對這個「食之無味，棄之也不可惜」的職務，因為與連戰的特殊交情，關中並未拒絕。

做了一年多後，連戰又讓關中去接任國家發展研究院院長，負責黨的訓練工作，「這倒是我滿喜歡的，因為我一生工作都重視訓練、拉拔年輕人，雖然資源大不如前，那我就改變方式嘛。」過去國民黨家大業大的時候，訓練項目雖然每年編了大筆預算，然後把各領域的人送到陽明山上，一批幾十或幾百人、訓練時間從幾星期到幾個月，「如今黨既然沒有那麼多經費，我就帶著幾個人直接到地方上，就地去辦訓練，地方黨部總會

幫我借個禮堂、場所吧……」相對於過去國民黨講排場、花大錢辦活動的作風，關中這種不講身段，捲起袖子下鄉幹，由小而大、積少成多的做法，反而更能打動基層。

雖然已離開了黨部，關中始終被視為是國民黨內的選舉專家，早在二〇〇〇年總統大選前兩年，連戰便已對關中明確表示了參選意向，並請他多加協助。以二人的深厚情誼，關中當然全力投入，逐漸從外圍建構起另外的輔選脈絡；因為輔選除了正規軍，還要配合側翼，那時關中多年選戰培育出的子弟兵都仍在身邊，加上民主基金會的基礎，因此關中成立了一個「連誼會」的後援系統，全台連絡找人部署、組織串連作準備。

接著關中開始帶人勤跑地方基層、造名冊，規劃了一套主攻南部縣市的「南方專案」，先以退休黨工為骨幹成立連誼會，逐步結合地方派系與各種社團，為連戰拓展南部的票源人脈；「我的策略是以選民結構、投票行為來分析規劃，只要南部少輸百分之五，選舉就會贏，選舉是抓重點，全台三〇九個鄉鎮市不包括台北和高雄市，真正重點區就是二十二個鄉鎮市決定成敗。」二〇〇〇年後，關中辭去考試院副院長更可以放手進行，到〇八年他都一直在體制外為國民黨幫忙輔選。然而，不在其位畢竟就是隔了一層，計畫即使再好，體制內的中央黨部未必樂見，「我給連戰提了很多選戰計畫，他都很高興，但一交下去就未必有落實執行，也或者那時有人認為贏定了，根本沒必要……」而殘酷的事實是二〇〇〇年、二〇〇四年，國民黨連續輸了兩次大選。

二〇〇四年大選，尋求連任的總統陳水扁最後以不到三萬票的微小差距驚險勝出，落敗的連宋配得票率僅差百分之〇．二，為歷年及世界各國總統選舉所罕見，而且廢票高達三十三萬票，是前次總統大選三倍之多，均創下紀錄。整個選戰過程詭譎莫測，充滿變數，而在投票前一年當國親兩黨推出「連戰＋宋楚瑜」的搭配時，大多數民調都顯示，國民黨連宋配的支持度明顯領先民進黨的扁蓮配。

網路上有不少文章或報導指稱連宋配的促成，關中在其中扮演重要的角色，對此關中則是非常坦白地澄清：「連宋配我其實介入得很少，我只是在最後階段接近促成時參與過一些。」真正在其中穿梭促成的要角應該是徐立德（前行政院副院長、總統府資政），以及宋楚瑜的省政府政風處長王廣生，尤其徐立德與連宋二人都具有長期的共事經歷與信賴情誼。

關中還記得，有一次徐立德帶著他去宋楚瑜在台北市仁愛路的辦公室見面談，那時連宋配雖還未正式宣布，但已接近最後階段，包括選上後，宋未來重回國民黨擔任「實權」副主席兼祕書長等共識也都談得差不多了，所以那次談話的氣氛，其實算是滿融洽的。「為何要帶你去談？難道不知你和宋楚瑜過去的矛盾？」我有點明知故問。「他們就是要我去，因為宋楚瑜老是說『我回去你們國民黨內有人不高興會反對』……喔，你說誰嘛？關中嗎？關中已經不是個角色了，他現在只是個黨的幕僚、在國發院當院長……」關中用半自嘲的口吻說著，連戰、徐立德要他陪著來幫忙說服宋楚瑜的用意。

以當時的形勢與條件來看，關中的確早已構不成對宋楚瑜的實質威脅，宋真正在意的其實另有其人、另外有股力量，但畢竟宋關二人過去的「瑜亮情結」實在太有名，所以請關中前來對宋「輸誠」，也能讓他更感覺到國民黨的誠意。「那你為什麼願意去？」我問。「我為什麼不願意去？我這個人只有對黨、沒有個人恩怨，甚至到今天我也不認為宋先生對我只是因為個人的事，而是整個大局勢使然。」關中所指的是李登輝、宋楚瑜當年要排除李煥的勢力，當然也就必須把李煥手下大將關中一併剷除的背景。

回想起和宋楚瑜的初識，在政大時關中並不認識低他一屆的這位外交系學弟，兩人分別從美國取得博士學位回台後，關在政大教書，宋則在總統府擔任蔣經國的英文祕書。兩人第一次正式見面，是政大老校長劉季洪在台北市火車站前的中國飯店，請兩位傑出校友夫妻檔一起吃西餐。一九七〇年代我國退出聯合國後，國際環境日益艱困，大家心知肚明，美國遲早會跟中華民國斷交，但在發生之前，仍須盡一切努力爭取時間拖延，同時也爭取最好的斷交條件。

關中在「亞洲與世界社」時常舉辦各種研討會，並配合外交部邀訪國外政界人士與學者來台，在美國與中共建交時，美國派特使來與我政府談判各種善後事宜，「那時我、宋楚瑜、張京育、邵玉銘我們四個人，根據每天美台狀況的變化，就在台北賓館裡面討論對案和寫文章，提供外交部作為因應依據，那時大家真是熱血青年，充滿了愛國情懷，也的確做了很多事。」當時絕對不會想到世事如此無常奇妙，後來國家、國民黨和他們個人彼此之間，會有那麼多的變化。

對於台灣現在四十歲以下的人來說，大多已不清楚宋楚瑜當年是何等年輕閃亮又叱吒風雲，只知道他是連續四度參選總統、一次搭檔副總統，被揶揄是「年年有瑜」的政壇火爆歐吉桑。很多人覺得他心中仍充滿怨恨與不甘，認為自己當年是被國民黨「作掉」的，但二〇一九年他接受媒體專訪時則說，這些年下來「我放下了」，但要把話講清楚，二〇〇〇年不是因他參選總統國民黨才選輸，是國民黨提名制度原來就不公平，沒有初選，連黨員投票都沒有，而後來事實證明，他的群眾基礎確實比當時國民黨總統候選人連戰強。反諷的是，初選不就是關中過去在黨內一直推動建立的制度嗎？

「宋先生這人的聰明能力都沒話講，以前說宋是大內高手是有道理的，因為他一直在最高級的圈子裡、最高層的身邊，他會知道很多事的來龍去脈，包括我這小咖在蔣經國旁邊時，我也會知道很多事，能夠知道變化所在。他在這方面比我接觸得更深、更高、更久，所以那時他為何能與李登輝情同父子，因為他變成李對國民黨的『解碼機』……」這指的是，不熟悉國民黨文化與人際關係的李登輝，能透過宋楚瑜的「解碼」，深入了解掌握哪些人、哪些事的「眉角」與利害輕重關係。

「那李登輝是欣賞宋或利用宋？」我問。「也欣賞，也利用，政治上都有利用的關係，哪個人不是在利用？但也得有被利用的價值。」說到底，關中覺得宋楚瑜的野心太大，「以我的個性來講，當年連戰選總統，你聲望再高，在倫理上，畢竟連戰的年齡、資歷都比你大，也是老大哥，而且國民黨何必去分裂呢？你委屈先當副總統，連戰之後就是你的了嘛，何必搶這頭香！當然他也是認為有把握，而他那時民調超高，人有時是會被沖昏頭的……」

「你覺得他衝太快了？」我問。「我很欣賞經濟學上有三個定律，一是市場供需，二是誘因原則，第三是始料未及原則，任何事都要考慮可能發生你想不到的事，要留一手，這個他沒做到。」關中認為宋楚瑜的市場調查作得不錯，當時的確有這麼多人支持、聲望很高；誘因（insentive）這點作得最高明，他大量的撒下預算專款到各縣市，「地方上很多人都說欠宋先生人情太多，但如此收買人心未免太過，國家的錢不能這樣花……」

「和更早一些的陳履安比呢？」「做法風格上不同，陳依賴的是家世背景，以及他父親當年在朝時部屬的關心、拉拔和照顧，但蔣經國是否真的那麼欣賞陳履安？未必！而且國民黨內大老從王昇、李煥、郝柏村都對陳履安有意見，言談間總覺得他有點世家子弟……」我提到《蔣經國日記》裡對此確有若干透露，「但蔣仍不斷栽培他，這也是他命好嘛，而陳這人比較君子，最後他可能因為修佛，悟道相信天命，以前也不是這樣，原來是滿淡泊平和的，他的人生都有人安排；但他到了監察院長任內突然變了，每次他找我都說大家都要他出來選總統，簡直是被人家捧昏了……」

「宋楚瑜是彎道超車，認為當我機會好時，一鼓作氣衝上去，陳則是審時度勢，坐待天命。」這是關中對這兩位曾經備受期待，足以更上層樓的政治明星所發出的惋惜比喻，此時我心裡也浮現「彎道超車，小心翻車」的意象，以這次的結果論，似可為來者鑑，但誰又能咬定彎道超車一定不會成功呢？

第九章

一路力挺馬英九，也能直言相諫

馬英九對國民黨沒感情，讓關中氣結不解

馬選黨主席，連戰不支持
兩顆子彈讓連戰冷掉的幕後

「連宋配」在二〇〇四年總統大選以極微差距敗北後，使得馬英九成為國民黨贏回政權最後、也是最大的希望所寄，而在主觀意願與客觀情勢的推演下，馬英九必然都會走上參選總統這條路，只不過他那時尚在猶豫考量，是否要先選黨主席的利弊得失，當時馬英九和其心腹金溥聰曾多方徵詢意見領袖與各界人士的看法。

馬英九在選黨主席前一年就約了關中見面請教，表明他要選黨主席，但內部現在有兩派意見，一是先選黨主席，另一則是直接選總統。關中明確地對馬英九說，如果你不參加國民黨初選，將來就會重蹈當年黃大洲與趙少康、連戰與宋楚瑜兩敗俱傷的覆轍；而且那時的國民黨主席一定也有他的使命感，他為什麼要讓你一個外面的人來選總統？屆時一定演變成黨內分裂的局面，「我感覺他那時就跟當年的陳履安一樣，認為自己聲望太高了，靠他自己的聲望就足可當選，而且那時他對國民黨似乎也沒有太多的感情，甚至認為這個黨對他反而是包袱。」關中強烈建議馬英九，輕敵是兵家大忌，兩害相權取其輕，「你只有回到國民黨內參加初選，才能爭取團結，你的聲望凝聚起來也會更

高。」

馬英九顯然聽進去了，關中也提醒他，當選黨主席後要面對很多難題，包括國民黨的經費、人事、政策論述等等都要好好準備，光是靠黨主席的光環還不夠，如果沒有作為的話、黨很快就會萎縮下去。馬英九也請關中大力幫忙，出面說服了詹春柏擔任馬的競選總幹事。那時連戰明顯是支持王金平選黨主席，有一次關中以國發院院長身分列席中常會，有個提案看得出來是要限制馬英九參選黨主席，對他非常不利，關中立刻起來表達質疑，反對因人設限，當場為之鴉雀無聲，主席連戰也只好打圓場說那就別提了。

「我是就事論事、光明正大，不應該搞小動作，不能為了一個選舉臨時修改辦法，這是量身訂做，傷害黨更大。」熟悉台灣南部地方生態的關中也幫馬英九在這塊「藍軍沙漠」奔走打理、找人張羅部署，對這一切，「我不是針對個人，而是從誰當主席對國民黨更好著眼。」

當時連戰系統的大多數人都是支持王金平，也知道關中在幫馬英九，由於關中和連家的關係深厚，還「告誡」他不要幫得太過火。對連戰來說，他不但是馬英九的老師輩，而且馬英九是連戰內閣時的法務部長，兩人是長官部屬關係，連戰過去也一直很愛護提拔馬英九；但到馬英九選上台北市長後，兩人的關係逐漸變了，加上連戰身邊的部屬、家族、親近的企業家都對馬英九很有意見，自然也破壞了連馬關係。

「連戰是雍容大度的君子，他從沒說過馬英九的不是，但連戰旁邊的人比較欣賞、放心王金平是事實，可能因此也影響了連戰。」關中說連戰方面不喜歡馬英九的具體原因，他並不清楚，馬英九當然是百分百的好人、正人君子，但某一方面馬的個性「過度潔身自愛，到了不近人情的地步，居大位時的格局胸襟不夠，這可能是原因之一。」

後來馬英九獲悉在黨主席投票那天，連戰將帶全家出國，這等於是擺明了不支持馬英九，會令馬十分難堪，也會被外界拿來大作文章。馬英九為此深感苦惱，還不禁抓著關中的手臂，幾乎是痛苦地大叫：「為什麼要做到這個地步啊！有必要到這樣嗎？」

二〇〇五年三月，立法院長王金平宣布競選國民黨主席，挑戰當時的大熱門人選馬英九，並得到時任黨主席連戰的支持。馬英九團隊在競選過程中主打反黑金，並暗指王金平陣營賄選，七月投票結果出來，馬英九以百分之七十二．四的得票率完全KO王金平的百分之二十七．六，慘敗的王金平謝絕馬英九邀請，不願再出任國民黨副主席，馬王心結自此形成，並一直是無分藍綠整個政壇炒作的話題。馬英九當選總統後仍兼任黨主席，國民黨、總統府與立法院之間不時出現對政策或立法上的分歧較勁，也被視為馬王心結的不斷激化。

馬英九以壓倒性優勢當選黨主席後，不久即發布關中為副主席仍兼國發院院長，這也是馬任內唯一聘任的副主席，關中則以自己已經六十五歲因此辭去國發院院長，改推薦副院長陳大代繼任。馬英九此時春風得意，氣勢更上層樓，關中特別又提醒馬英九三件事，應該打鐵趁熱，一鼓作氣，落實改革：一、光靠個人魅力與聲望是不夠的，黨要提出足以感動人心的號召，以及不同以往的革新做法。二、可藉此在黨的人事上進行調動換血，培養自己的幹部，尤其要注重黨的訓練工作，「因為和政府的性質不一樣，黨更需要建立的是一種令人鼓舞振奮、互相信賴、血肉相連的情感關係，而不只是工作上的關係。三、黨產問題要明快處理，不要讓爭議一直變成民進黨的政治提款機，黨產哪些要留？哪些要賣掉或捐出？都要盡快整理公布，以昭公信。

其中的第二點，關中認為現在時機最好，而且做起來最快又有效果，但沒想到馬英九不重視黨部工作的程度，卻讓他感到驚訝不解。馬英九剛當選主席不久，關中就提醒他，這次各縣市黨部主委都盡了力，「馬主席應該召見大家慰勉、鼓勵一下，然後最好跟他們每個人都談一談，了解他們的想法，再做個地方主委的人事調整，培養自己的幹部，以後才更好做事，就像過去兩位蔣總統一樣。」但馬英九都不置可否沒反應，後來關中又講了好幾次，有一次馬英九終於被講煩了說：「哎呀，二爺（關中朋友對他的暱稱），換誰都一樣啦！」「這怎麼會一樣嘛！我跟馬主席說黨就是人的工作，尤其是從幹部著手，要培養掌握核心幹部，得到你的信賴、為你拼命做事，古今中外都是如此，需要『死士』！」對馬英九竟然是這樣看待黨部、幹部的角色功能，關中為之氣結到不可置信。

另外一個更讓關中氣爆的例子是，馬英九當選黨主席後該年十一月二十四日黨慶當天，他竟不打算參加黨慶活動，原因是他要去參加台北市小學的「五育獎」頒獎典禮；關中問他為何如此選擇，馬說因為市長是他的本職，而且過去每年他都參加。「我的天啊，這是你黨主席第一年的第一個黨慶，你就不參加，黨裡會怎麼想、怎麼看這個黨主席？那個五育獎可以請副市長代你參加、或是改期舉行嘛！」唯一的解釋只能說，馬英九對國民黨看得太沒有分量、對黨也太沒感情了！

從中常會代表性與功能的萎縮，到地方黨部組織的弱化近乎消失，馬英九對黨務相關的改革，從很早開始就是維持淡漠疏離。二〇一九年十一月二十日宋楚瑜接受《聯合晚報》專訪時曾表示，二〇〇四年連宋合後雙方雖回歸合作，但對選戰策略也沒認真討論，認為躺著都能當選，「我提出很多建議都沒回應」。宋說，當時他在黨部開會提到中影不是從大陸搬來的黨產，建議捐出來蓋學園，提完就沒有下文，「當時競選總幹事是馬英九。」該篇專訪又提到「宋更爆料，二〇〇四年連宋配選輸，不是只有兩顆子彈，因為黨內有人擔心，連宋若當選，這些人要等十六年。」

人心幽微，任人憑說，上述邏輯說法，如今早變成事出有因，難有實據；但提到當年連宋配與「兩顆子彈」發生後的那一夜，關中卻仍記憶深刻也為之扼腕不已，幕後更有一段漏網新聞。

二〇〇四年三月十九日下午，陳水扁、呂秀蓮遭到槍擊，當時關中正在南部輔選路上，接到徐立德打來手機告知此事並通知開會，等關中趕回台北時，會已開完，人都散了，連戰那時則還在中央黨部內。當關中聽說當晚已決定停止一切競選活動時，非常驚訝，立刻表示反對；他認為目前連宋配聲勢仍然領先，務必要一鼓作氣，維持到隔天投票結束，如果現在停止一切活動，投票前二十四小時媒體新聞將全被陳呂配受傷的消息佔據。

關中對連戰說，何況現在最後衝刺振奮士氣的演講稿都寫好了，各縣市的配合也都部署好了，活動可以照辦，也可譴責暴力、為國家祈福，如果國民黨在最後二十四小時消失了活動和聲音，對士氣與聲勢的打擊難以想像。連戰嘆了口氣說：「馬英九堅持要停止活動，認為這才是避免社會動亂負責的表現……」關中馬上大聲說：「這絕對不對！」連戰又說大家也都認同要停辦，關中還是說：「我就不認同，我堅持今晚應該繼續辦！」

眼看說到要吵起來，這時連戰站起身來拍拍關中的肩膀安慰說：「我們會過的，只是少贏一點啦……」關中此時已無法再說什麼，只覺得當晚停止活動是不懂人性和群眾心理，更不懂選戰的人才會作的決定，以後一定會後悔。而以最後的結果論來看，如今說什麼都是多餘的了。

馬王政爭空遺恨，他缺的是「領袖魅力」

王金平的麻將政治學：馬英九只想作清一色，不可能贏錢！

關中論「如果我是馬英九」

二〇一三年九月爆發的馬王政爭（又稱九月政爭），馬英九以記者會方式公開指控王金平涉嫌不法關說，震撼朝野社會；整個政治風暴包括立法院長與立法委員涉入的關說疑雲、檢察總長及總統涉入的洩密疑雲、最高法院檢察署特別偵查組涉入的監聽國會事件，鬧得沸沸揚揚，多項重大疑案乃至權鬥心結，都在九月政爭當中糾纏引爆。馬英九與王金平的關係至此徹底決裂，不僅鬧得舉國皆知，成為街談巷議的八卦話題，更令黨內士氣為之衰頹，也成為二〇一六總統大選國民黨一蹶不振的重要原因。

一九四一年出生的王金平，擔任立法委員長達四十三年，他在五十八歲當上立法院長，成為最年輕的國會議長，任期橫跨二〇〇〇年至二〇〇八年的民進黨執政，與二〇〇八至二〇一六年的國民黨執政，長達十七年的立法院長生涯無人出其右，在台灣民眾的心目中幾乎與立法院畫上等號。

王金平另一個廣為人知的是被外界稱為「喬王」，「喬」在台語中有安排、協調或處理的意思，而他也坦然接受「喬王」的封號，自述新書乾脆就以《橋—走近王金平》

為名，強調「國會沒有協商就沒有妥協，政治是一個妥協的藝術」。

在政壇上，對馬王二人的評論與好惡，其實也有基本的定論，還有所謂「王金平沒有敵人、馬英九沒有朋友」的說法。與人為善、圓融練達、善於交際，這幾乎是對王金平的通論，「他是天生的政治動物，喜歡參與公眾活動，好交朋友，在很多團體場合都很受歡迎，人際關係也非常好，但這並不代表他在社會上就有什麼力量或主張。」關中一語直搗核心：「因為王金平是個沒什麼政治理念主張的人。」

「所以你認為他是不是所謂的『藍皮綠骨』？」王金平這個被深藍人士一直批判的問題，雖然我明白並非簡單的「是不是」而已，但我還是想知道關中怎麼看。

「王金平要左右逢源，兩邊押寶、維持平衡才有價值，所以他很聰明，他只是利用這個形勢，在夾縫中求生存。」與王金平相交多年的關中認為，每個人有其政治上的生存之道，不能單從某一方面就斷章取義，王金平靠的就是幫大家做事情、請大家多支持他、在地方上有什麼事多參與，累積起自己的聲望與人緣；而他在立法院長任內也的確不分黨派照顧了很多立委，在議事運作上維持了朝野「鬥而不破」的局面，這些都是王金平自豪的地方。

本身是研究國際關係博士的關中有個妙喻：「以國際關係來說，冷戰時代美蘇兩強鬥爭，中間夾了個第三世界，美蘇都想爭取；第三世界由中國和印度領導，所以美國拉攏中國與蘇聯對抗，而印度則是兩邊都討好，中共是動武的、印度是動文的，王金平就是扮演印度的角色，在美蘇兩大強權中變成不可缺少的第三者。」王金平自己是國民黨員，但他也不跟民進黨作對，「他說我是國會議長要中立，不這樣沒辦法發揮職權，得到反對黨的信賴，但現在總統大選選完後，你看他又變得好像比以前更忠黨愛國了。」

「他算是一個很成功的政治人物，在調和與維持政黨互動上，發揮了一定的功能與影響力。」關中很中肯地說，王金平有兩大人格特質：一是有求必應，遇到朋友請託，即使他再忙也會先答應下來，盡量幫忙，即使做不成也會告訴你。二是與朋友在交往過程中，即使別人傷害到他時，他也不計較，永遠保持對朋友的熱情，這點很難得。

真正的重點來了，我問：「藍營認為馬英九時代沒有建樹，甚至國民黨失去政權，很大部分要怪王金平在立法院的抵制、沒有執行馬的政策意志？」「那我要反問，馬英九為什麼不能爭取王金平的合作？王可以跟任何人合作，為什麼偏偏不能和馬合作？這不是天大的笑話嗎！」關中幾乎是一氣呵成地立刻回我：「馬英九是執政黨的主席、國家的總統，你把他找來開誠布公地講，說金平兄啊，我們是不是一個黨？我們是不是在一條船上？我們是不是應該好好合作？如果答案都是肯定的，那我們一起好好作、大家分工合作，你只要對王很慎重地、當作一回事來講，王金平沒有理由不幫你！」

面對馬王內鬥搞得黨內烏煙瘴氣、國人紛紛搖頭的現象，有一次在王金平家，關中忍不住就提到這件事，當場王金平就很感慨地說：「一中兄，如果照你說的這個意思，一句話就夠了，他只要一句『請你來幫我忙』就夠了！但是他不會講這個話啊。」言下之意是王金平很願意配合，就等「他」坦誠表白。

令關中覺得痛惜的是，在國民黨還執政時，每次重要首長見面時總是行禮如儀、客套一番，開會時馬總統會說，這個案子請王院長負責協調完成，「你這個是官腔官調嘛，你是拜託我，卻當眾告訴別人這是我的責任，我要一個人負責，你說王心裡怎麼會舒服？」

「古今中外，成就大業者不但要海納百川，還要化敵為友，你看老蔣總統當初在大陸上，那些軍閥被他爭取過來的有多少？他到台灣來用的很多人都是他的政敵……馬英九不講結盟政治，我實在不理解……」最妙的是，王金平有次和關中聊著突然問他：「馬英九會不會打麻將？」關中愣了一下說：「這我不知道，但我是會打麻將的。」（馬英九曾表示他不會打麻將）只見王金平吐出一句：「如果你只想做清一色，是不可能贏錢的！」此話一出，關王兩位麻將高手互看一眼，不禁會心大笑！

前述那些對話場景，都是發生在二〇一二年馬英九當選連任，要決定是否請王金平續任立法院長時，那時馬猶豫很久，也問過關中意見，關對馬說應以王續任為宜，馬聽了也未置可否。後來在農曆春節期間，馬英九在官邸宴請副主席、五院院長吃飯，當時關中就希望馬能告訴大家、當場表達請王金平續任立法院長，因為二月就要開議了。但從頭至尾，馬英九一句話都沒表示，餐敘結束出來後，王金平難掩落寞地對關中說：「一中兄，我好失望，我以為馬總統今天會有所表示……」

各種跡象都顯示，二〇一二年馬英九總統當選連任後，其實已經非常不想再讓王金平續任立法院長，「馬一直在想有無辦法，感覺他身旁有人在強烈反對讓王續任，而我認為王要的就是一句話，馬英九你把我當朋友，馬卻當他只是事業上暫時的夥伴。」「聽起來，馬王之爭你似乎比較站在王這邊？」面對我的問題，關中停頓了一下，沒有回答是或否、卻清楚回應：「我認為以馬先生的身分地位，他沒有必要挑起馬王之爭，而且他是可以化解、可以爭取合作的，直接地說，馬就是認為王不是他一個路線的人！不是他的菜！不是他的人！」而在一年後，馬英九就召開記者會公開指控王金平涉嫌不法關說，掀起更大的政治風暴。

「從很早開始你就是力推馬英九出來選總統，極力讚揚、推薦他的許多優點，所以你到底是怎麼看馬英九這個人？」「我從頭到尾都是支持他的，他是優秀的好人、百分之百的正人君子，學識、能力、人品都沒話講，但是他不懂得適時、適切的運用他的權力，古今中外從馬基維利、中國講的帝王術也好，當一個領導者有權力要去用，有機會要推動改革，要創造出讓大家有感的成績，但是他考慮太多了……我常講如果我有機會為國家做事，那我會使出渾身解數，一定要大刀闊斧推動改革，因為不是每個人都有這種機會的。」

對我提到馬英九「不沾鍋」的政治個性，關中認為：「你不沾鍋可以，但總是要有人去幫你處理這些事，不能上上下下你不沾鍋，人家沾了鍋，你就要去劃清界線，那天下的事就很難做了。」馬英九的優點與盲點，其實政壇上議論臧丕的大同小異，對外界的某些批評，關中以不反駁而保持分際的口吻說：「叫我評價馬英九，實在不太適宜，他是國家元首，也是我的長官，我有我的分寸，這也是做人互相尊重的道理。」

並非是要套關中的話，而是真的想從中焠鍊出更深刻的政治智慧，於是我們改從「如果我是馬英九會怎麼做？」的角度，來探討馬英九從偶像神壇跌落的盲點，而關中思考歸整後的解析，我認為是相關的議論中極有高度和深度，足以讓為政者警惕參考的看法。以下是關中的四點解析：

一、馬英九有些理想陳義過高，不符現實，如族群融合是太大的題目，台灣社會今天夾在大陸、美國的擠壓下，談這個問題操之在我的空間太小，不易達成，但卻會耽誤、阻止你一些可做、該做的事，很可惜。當時有那麼高的票，立法院有那麼多的席次，多好的歷史機會，很多不合理的事就該去做了，如歷史課綱的調整改革。

川普雖然令人厭惡，但有一點我很佩服，他永遠對他的支持者負責任，贏了是為你們、敗了也是你們。如果當初和王金平合作，凝聚出一股力量，把扁時代錯誤的政策全改回來，你看台灣社會會怎麼評價你！

二、馬英九是個書生、正人君子，他也很努力，在台北市到處跑，做了不少事，但台北市畢竟是個都會，而他對台灣其他縣市的了解太少，對台灣的社會結構、人與人的交往關係，他掌握、融入得不夠。他雖然也有一些民間好友，但沒有組織出一股真正的力量，沒有跟台灣的地方人士真正搏感情，以致未成為他堅實的草根性後盾。

三、我從不懷疑他對中華民國與國民黨的忠誠，但他的熱情不夠，未能真正號召人心、振奮起黨的團結。如前述的他想缺席黨慶事件（後來在關中的堅持下，馬還是參加了），以及對培養新血、充實自我幹部的冷漠疏離，都不是領袖應有的作為。

四、如果說馬英九沒魅力，沒有人會相信，當年小馬哥旋風多瘋狂，但他的魅力是建立在他個人的人品、操守、學識、風采和形象清新等方面，而不是對國家、對黨的責任和使命上。我理想的政治領袖，是要對國家、對黨有高度的責任感和使命感，我一定會提出一些很具體也值得我追求的目標，在我任期內甚至有生之年，不管我在哪裡都堅持去推動這個理念，要有這種強大的號召力。

我認為政治上最高的 charisma（魅力）是一種政治理念、一種信仰。世界有名的如印度的甘地、南非的曼德拉、美國的林肯、英國的邱吉爾、法國的戴高樂，包括今天俄國的普丁，他們都能讓人民感覺到有了他，國家才有希望，讓黨感覺到有了這樣的領袖，才有奮鬥的目標。而馬英九有嗎？

以上尤其是第四點最為關鍵，對於台灣近年來流行的「偶像政治」，特別著重在顏值外型、花俏口條、造型打扮，乃至網路操作等外在追求，無異是醍醐灌頂，激發了新的反思。

第十章

在改革的路上，永遠不斷前進

推動年金改革，徒嘆孤臣無力回天

站上火線，最敢改革的考試院長
痛惜馬英九決心不夠 功虧一簣

年金改革無疑是近十年來廣受社會關注的焦點，從國會殿堂到街頭抗爭，風暴所及，主管全國公務人員退撫業務的考試院，當然更無法置身事外。「如果不改革，最多五年，台灣就會變成希臘。」「我們做了，一定會使許多人不滿意；但我們不做，一定會有更多人對我們失望。」高分貝說出這些話的，不是在野黨的任何人，而是主掌國家人事制度的考試院長關中。

二〇一三年，時任考試院長的關中屢屢站上火線，高舉改革大旗，一反考試院過去的保守作風，不僅令外界對當時執政的國民黨有耳目一新之感，幾番發言也深獲當時在野的民進黨肯定，另一方面，關中對年金改革積極的主張，也得罪了很多退休公務員團體。考試院長一向被定位是老成持重的「養望」之位，當時卻有媒體稱關中是「中華民國有史以來最有存在感的考試院院長」。

關中在一九九四年九月一日從立法院轉任銓敘部長，立委任期剛好做了一年半左右。八十歲退休請辭的原銓敘部長陳桂華約見關中懇談時說，現在銓敘部正規劃推動退撫新制，過去國家公務員退休金是政府完全編列預算支應的恩給制，但隨著公務員人數不斷增加、待遇調整以及壽命延長，將來國家一定無以為繼；所以由現在開始建立十年新制，從公務員每個月薪水中拿出三分之一、政府補助三分之二，成立退撫基金，以此基金到達一定數額孳息來補助公務員待遇。

陳桂華對關中說，這項改革對國家社會的穩定發展攸關重大，他已經花了二十年的時間研究規劃，從他擔任行政院人事行政局長時即開始，經過七年規劃、七年溝通、七年形成共識，如今已到了推動落實的時候，需要關中接棒完成。

退撫新制在關中接任銓敘部長後不到一年正式推出，全案的精神與內涵可說是由老部長陳桂華鍥而不捨規劃成熟，再交代給新部長關中推出落實。原本依照憲法，公務員從考晉到退休，共十一項如考試、任用、升遷、考績、退休等都是由考試院執掌，但動戡時期臨時條款砍掉了考試院一半職權，另一半則要與行政院配合。退撫基金是考試院銓敘部主管，並且適用於廣義的軍公教人員，陳桂華當時就囑咐關中說，其實最好是從公務員本身做起，但是如果退撫新制不把軍教一起也納進來，「餅作得不夠大的話，立法院就過不了！」

陳桂華點出關鍵，這次新制改革把公務員的意義擴大，這是不得已的，而且將來有可能出現阻力，也會從這裡頭產生，因為軍公教三者的性質不太一樣，如果一律要求比照，以後一定會有爭議。最重要的是，陳桂華當時即已估計在五到十年內，軍人這部分就必須重新規劃，而且最好抽離出去，因為一律比照，看似公平，但通過後反而會產生不公平的現象。

「這就是軍人的特殊之處，公務員六十五歲退休，而軍人尉官退役三十幾歲、校官退役四十幾、將官五十幾歲，他退休得這麼早，又是不同的層次，但退休之後都要用國家的退撫基金去養他；軍人在職時間少、繳的錢也少，如果一個軍人四十歲退休，他在軍中只服務二十年，國家要養他一輩子到七十歲，那將是國家很大的負擔。」關中解釋所以軍人的退休金應該有不同的計算標準。

九五年退撫基金成立後，一開始外界都很看好基金的累積會很快，以此投資股票、債券加上當時市場利率很好，前景可期，沒想到後來利率一直下降，基金成長就有限了。經過十幾年後，關中再接任考試院長前，大環境的改變已不可同日而語，他也接受了一場「震撼教育」。

當時有教育團體對教師退休措施不滿意，認為跟公務員有差距，因此向將任考試院長的關中爭取教師退休權益。他們拿出數據對關中說「我要是你就不會去接這院長」，因為從一九九五年退撫新制成立到現在二〇〇八年，情況已經產生巨大變化，包括一、基金數額逐年走下坡，未來絕對不足；二、軍公教三者之間的不公平已經不斷凸顯；三、軍公教和勞工的退休制度已經產生對立，勞工意識持續高漲，要求政府公平對待；四、世代交替的問題愈趨嚴重，現在這一代人或許可以拿到不錯的退休金，但下一代怎麼辦？政府總不能吃乾抹盡，留給後代無法彌補的財務大窟窿。

教育團體說得慷慨激昂、振振有辭，關中聽了則是直犯嘀咕，心想有這麼嚴重嗎？回去以後立刻找來當時的銓敘部長張哲琛，溝通請益後，交代張哲琛等他上任後，馬上好好研究處理。當時關中已預感到國家即將進行第三次的退休制度大改革，第一次是恩給制，第二次是退撫基金，照此趨勢已經挺不住了，很可能要進入第三次新的改革才能對得起公務人員，更不能拖垮基金。

銓敘部的主管單位是退撫司，在關中服務過的各個黨政機關裡，他認為考試院公務員的品質很高也很穩定，工作環境也是相對專業單純的，所以他在到任考試院長前心裡已經有底，知道退撫制度、年金改革的重要性與必要性，也立即展開相關的規劃與國內外考察、研究與座談等先期修法工作，所以等到馬英九後來提出這項重大問題時，考試院都已有充分準備，很快就提出相關的修法方案。

「這麼重大的社會改革，受到影響的公務員當然會不滿意，這些對既得利益者的剝奪很殘忍，他一定會反彈，而且這是當年與國家的契約，他會覺得我們照著做，後來怎麼就變成我們不對了？其實我們從沒為此批評過公務員，考試院是全國唯一可以為公務員發聲的機關，我們是站在公務員的立場作制度的改革，而不是站在對立面針對公務員傷害他們的權益。」

關中解析說，台灣光復以來早期公務員的待遇不好，非常清苦，經濟起飛後，經國先生開始為公務員每年加薪百分之三，而且後來幾乎年年加薪。到一九七〇年代時已和工商界的薪資差不多了，公務員的起薪比外面一般工作高，中高階就開始落後，真正高層就差更多了，「和外面比，公務員的薪資是顛倒的，下面高、中間平、上面少。」

他再舉例，以原先退休制度而言，中小學教員是比較吃香的，因為他們年資長，師專畢業後就可以出來當老師，從二十歲出頭做到六十五歲，基數很多，計算起來退休金也多，這些存在不同行業之間的不公平，性質根本不同，「現在把軍公教與勞工硬扯在一起是民粹，考試及格後當公務員在退休金的計算上，和勞工怎麼會用相同的標準？如果說話直一點就被媒體修理，有一次社會吵得很兇時，我說今天當公務員並不容易，要經過國家考試，還舉例有人考了二十年還在考……結果有人在電視節目上就說關中囂張喔、會考試是多了不起、多偉大喔……你只要為公務員稍加辯護他就曲解你。」

「在我考試院的立場，我只能講公務員，不能把軍、教都拉進來說，軍與教各自歸國防、教育部管，我說經過這些年政府竭盡所能照顧公務員，生活上應該算是個穩定階層了，這下子有些退休公務員又不高興了，批我說好像他們退休金拿多了……」對於不管說什麼，似乎總是兩面不討好，「這都是小事，他們有他們的立場，要罵人總要有個出氣口，我都一笑置之。」關中對此倒是很坦然。

另外還有一個原來是出於善意，後來卻在制度上形成困擾的難題，就是當年推出退撫新制時，銓敘部把條件訂得很寬，一個公務員退休如果跨越九五年新舊制的交界點，他的退休金結構就不一樣，「那時陳桂華沒跟我講這點，但我後來在工作上慢慢體會出，退撫司當初規劃時拚命為公務員爭取好處，在適用舊制年資上增加很多優惠項目，讓公務員可以彌補因新制可能減少的退休金；但沒想到隨著壽命延長、退休人數與金額增加如滾雪球般，政府的補貼從原來一年幾千萬到我那時二〇〇八年已變成幾十億……」關中透露，所以對新改革反彈最強烈的是高階十二職等以上的公務員，因為他們年資長，多半是橫跨新制前後，按照新的規劃，他們的退休金損失最多，而且很多額外的福利都會被拿掉，至於對一般初級、中階公務員的影響與反應則還好。

六十五歲退休，是根據美國一九三〇年代經濟大恐慌之後，小羅斯福總統推動新政時所訂的標準，那時人的平均壽命不超過七十歲，訂六十五歲很合理，但現在可以活到八十歲，退休餘命長多了。另外以現在的健康狀態，一個人六十五歲未必老到不能工作，關中說，世界各國都在研究或已經放寬工作年齡的認定，六十到七十歲是人生經驗和智慧最能發揮領導力的階段，舊的觀念應該與時俱進，所以考試院也一併提出延長退休年齡的方案。

國家的年金負擔就像高山滾雪球，時間加上金錢，重力加速度越滾越大，一定要適時改革，否則後果不堪設想，而且等你才要設想時，情況可能又滾出更大的壓力。「最後二〇一八年通過的民進黨版本，和馬政府時代你的考試院案差多少？」我問。「基本架構和立法精神沒變，但條件變苛了。」關中歸納說，考試院當時推出的改革重點有三：一、原所得替代率太高、必須降低才合理，「我和工作小組到OECD（經濟合作暨發展組織，是全球三十六個市場經濟國家組成的政府間國際組織）、日本、韓國考察了很多次，分別和他們中低階層的公務員深入座談，充分蒐集意見，得到基本的公約數，提出成熟負責的方案，替代率原則上不要低於百分之八十。二、有緩衝期，循序漸進；「我們的十八趴改革是漸進的，分九年歸零」。三、反對提高提撥率，對改革對象已減少其收入，還增加支出，等於造成雙重傷害。四、退休年齡的延長。

但後來民進黨通過的內容則更為緊縮且激烈，過程中還出現了羞辱公務員是米蟲的爭議風暴，使制度的改革因為政治的操弄而遭到扭曲，更造成社會的撕裂與階級的對立。

複雜而艱鉅的年金改革方案，最後是由民進黨蔡英文政府於二〇一七年六月三讀通過相關法律完成（二〇一八年七月開始實施），但其實在國民黨馬英九政府時期，馬英九即曾注意到問題的嚴重性，並指示時任考試院長的關中積極研擬提出改革方案。二〇一二年初他勝選連任總統後，年末曾刪減了退休軍公教人員的年終慰問金，引發軍公教界的反彈與疑慮，當時他說這是痛苦的決定，但政府財政困難，如果不改革，未來會更難解決；馬也強調，面對改革，政府要把真實情況告訴大家，如果把問題推給後人，這不是一個好的總統該有的作為。

馬英九下令組成行政院年金改革小組，公開宣示「年金問題就像一列疾駛的火車，現在不改可能會破產，就像火車墜落懸崖！」但他的話都說得這麼重了，該做的指示也做了，可除了關中的考試院積極回應，提出具體方案，行政院方面和國民黨掌握多數席次的立法院，當時卻顯得觀望躊躇。在四個月內歷經一二四場公聽會，超過一．一萬人參與，時任行政院長江宜樺提出「保證三十年不倒」的改革方案，卻因軍公教勞等各方勢力群起反彈，功虧一簣，成為馬英九卸任前的「遺憾」。

「由於決心不夠，未盡全力，當時的行政院與黨部都不太熱衷、也不肯動員運作，立法院自然也就沒有好好配合、推動立法，這項重大改革便無疾而終了⋯⋯」這一階段的年金改革最後是由蟬聯執政的蔡英文完成，手段是否過激？內容是否正確？其功過影響，歷史自有評價，甚至很快就會給出答案。而關中一直堅信，「當年我們推的這個改革方案，其實對馬英九的政績是有很大、很重要幫助的，可惜沒有走下去；日本都已經改了兩次，韓國改得更徹底，ＯＥＣＤ國家都在改，一切讓數字說話，為什麼我們就是不動呢？」關中說，當時國民黨裡也只有少數軍系或依靠眷村票的立委會反對，「他們還對我說，關老爺你別為了自己想歷史留名而傷害我們啦，哎，我什麼歷史留名？我只是做我該做的事而已。」

「很多人提到後遺症的問題，還說以後財務的洞如果又破了，年金會不會再砍？」我問。「這是違反常識的外行話，就像你到醫院看病，問醫生我會不會死？哈哈，當然會死，問題是你現在有什麼毛病要醫治，能延續你生命、活得更健康。」關中說，任何基金都可能破產，「我們就像治病，是把破產的時間延後，我一直延、一直不破產，那就維持下去了嘛。」

另外，真正要讓基金上軌道，關中建議退撫基金的管理，不應放在銓敘部的管理委員會，因為讓公務員的保守心態去管理、操作這個基金很難賺錢，行政院應該另外成立專業的管理委員會，或者交給半民間單位也好。

「有人認為年金改革會嚴重影響選舉，尤其軍公教是國民黨傳統的支持力量？」我問。「我不認為這跟選舉有多大的牽連性，國民黨的選民一般是理性的居多，我推這項改革案時，在外頭也會碰到公務員和家屬問他們會不會受到影響？我回說多少會的，他們雖然會擔心，但也都表示了解，認為應該要改，我還沒碰過一個當面罵過我的。」對於年金改革，關中以「三改」做了小結：必須要改、改總比不改好、以後有問題還要改！

專訪

國民黨的改革、論述、年輕化

無關老與窮，政黨靠的是理想與號召

筆者：國民黨現在被認為已經失去年輕人的支持，但國民黨不僅在創黨、開國時靠年輕人打天下，即使在你那時候也是很年輕就被重用，懂得在選戰中如何去結合年輕人、掌握年輕人，讓國民黨在執政與黨的發展中，展現年輕化的活力。為什麼現在國民黨變得這麼不被年輕人認同？

關中：在我從事黨務的那個年代，大家還是認為黨是政治的重心，從選舉的提名到輔選，再到黨政關係的運作等等，所以基層叫我們是kingmakers，但蔣經國那時已經要把黨的姿態壓得很低，要求我們多做事，不鼓勵我們出風頭。但媒體會抓焦點，注意到我，如江春男（政論家司馬文武）在《中國時報》寫過我，說我命好，是媒體打造出來的……的確，如果有一個年輕人被寄予重任，又真正能做點事，當然會聚焦，大家就會感覺國民黨重視年輕人，而這個人也會吸引比他更年輕的人投入參與。

所以年輕人如果用得對，受到媒體、社會的重視，就會有吸引擴散效用，但黨的改革不一定只是年輕化，因為黨本身是個傳承，尤其歷史悠久的黨都有其歷史背景。如美國是相對年輕的國家，但你看這次主要兩個政黨競選人都是七十多歲……所以年輕化對黨的改革是個號召，而且年輕人想法跟老的不一樣，像我那時就是敢衝敢做，而且我不在乎。

一開始我這麼做不是說我有後台，但後來我越這麼衝、這麼做，我就感覺後台越硬，到了最後我就感覺這股改革的力量非常強大。

筆者：當年蔣經國除了推動所謂的「吹台青」政策，不也是大力啟用拔擢年輕人？

關中：我可能是最幸運的，可能是蔣經國重視年輕人的最後一個階段（當時約在一九七〇末期），再以後我就感覺不出來了……那時候蔣經國真是敢用人，我四十一歲擔任台北市黨部主委，四十四歲出任省黨部主委，那時整個黨機器都在省黨部主委手上，四十七歲升任組工會主任……

蔣經國有此膽量，也是考驗我們年輕人是否擔得起這擔子，「吹台青」本身就有黨的年輕化用意，是要從中找出新的活血，你看我這背景，除了中山獎學金，沒有任何淵源，我在學校裡不參加黨的活動，父親到台灣後跟黨幾乎已沒什麼關係，我就只是一個學者，靠寫文章這樣一直上來，當然李煥也敢做此嘗試。還有連戰從台大教授初任大使三十九歲，回來擔任青工會主任四十一歲，然後四十二歲任青輔會主委、四十五歲任交通部長……一路栽培。包括我同輩的陳履安都是三十多歲就當部會首長，吳敦義更年輕了，二十五歲就選上市議員，宋楚瑜也是很年輕就在黨政圈嶄露頭角。民國七十四年我提名縣市長參選人平均三十六歲，我到黨部工作時，國民黨的確是一個新的開始，在此之前北市主委都大我二十歲，算是我的父執輩人、包括老黨工、省級黨部書記長等都是五六十歲的人，像我這四十歲的主委一進去，立刻橫刀立馬，把他們都腰斬了。後來我一下子把十六個區黨部的組長全換成大學畢業生，那時和剛崛起的黨外比，絕對有得拼、從候選人到黨工，一點也不老。

筆者：那是從什麼時候開始，國民黨又為何越變越老？

關中：從李登輝開始，國民黨就不重視年輕人，只找那些能鞏固其權力、擴張影響力且立即有用的人，這都是從現成裡去找的，因為培養人才是要花成本、冒風險的，不是件討好的事。

筆者：後來面臨越來越難打的選戰，你是如何讓國民黨的改革做到年輕化？

關中：文宣就是一個開始，你看我的文宣全都是找學生在做，有這麼多大量的學生義工到各候選人總部去做文宣，去蹲點，每個候選人分配多則四五人，少則二三人，然後學生帶學生，一代代相傳下去，現在國民黨有人做這個嗎？如今網路時代，國民黨一樣可以從這方面努力，找有興趣、有能力的年輕人去做事。

筆者：但如今國民黨已非家大業大，變成破落戶一般，而且被認為又老又窮了……？

關中：政黨沒有什麼老跟窮的問題，政黨靠的是理想與號召！你說韓流有什麼錢？為何造成那麼大聲勢？所以國民黨還是應該好好保護韓國瑜，這是國民黨的一塊寶，今後這幾年多幾個像韓的人，國民黨就起來了嘛。所以年輕化，國民黨就是要敢，敢用年輕人！年輕人不怕死、不計利，有的是理想與熱情，你看古今中外所有的改革，年輕人就是一個敢字！

筆者：當年你在黨內推動各種改革，遭遇了哪些困難險阻？

關中：當年經國先生逝世、十三全會剛舉行過，隔年底就是縣市長大選，我在國民黨中常會提出黨的民主化（初選制度化）的革新方案時，有十一位中常委在會中發言反對我……當時李登輝主席基本想法跟我們是不太一樣的，他對黨的再造、民主化沒有太大興趣，他想推的主要是本土化。不過民主化與本土化不相衝突，因此他對初選的做法、技術面並不反對。十一位常委反對的理由是，沒必要、造成黨的裂痕、變相鼓勵金錢介入，一條牛剝兩次皮、花兩次錢等等。當場我很直率地說，剝兩次皮？那要有皮才能剝，初選是要鼓勵沒皮的人出來競爭，赤膊上陣靠的是熱情、活動，黨總不能讓有些人沒有經營基層，只是靠上層關係就獲得提名，這樣沒有群眾基礎，黨是不會有希望的。最後李登輝裁決通過。

黨要民主化、有效率、企業化經營，重視績效考核，但在黨內多少年來卻不講這套，只是要和諧、和稀泥，沒有淘汰制度。最要緊的是國民黨不重視文宣，時代不一樣了，威權時代上面一個命令，底下就推動，參選人送送名片、送個禮就當選了，國民黨這種體制不改不行……而這不是只靠上面要求的，一定要從體制改，黨本身要變成跟群眾結合的戰鬥體，懂得如何運用媒體。黨是信仰，由於信仰而形成群眾運動，我到市黨部把雜誌名稱改叫《群眾》，被上面質疑這是共產黨用的名詞，如果共產黨如此起家、也成功了，我們更要這麼學習，觀念就看你敢不敢做！

事實上，國民黨到台灣後有個最大的矛盾是，在威權時代還不太容易顯現，但台灣後來已逐步變成一個民主、自由、開放的社會，而中國國民黨這個開國政黨、執政黨，卻還保留蘇維埃式的組織結構。

這一套完全是沿襲自共產黨，國共兩黨在這方面是一對雙胞胎，幕後都是蘇俄顧問在主導。中國共產黨現在還在用這套控制大陸，因為他相對還是個封閉的政權，台灣不一樣，社會一民主開放後進步速度很快，國民黨就跟不上了，黨的組織結構也不適合今天社會的變化與需求了，這是非常嚴重的問題。

重新重視訓練工作，不敢改革只有死路

筆者：民進黨的組織架構不也是學自國民黨？

關中：兩黨體質不一樣，民進黨畢竟是草根性、群眾性、而且是地方由下而上的成長而執政，國民黨始終是由上而下想控制地方。國民黨真正的弱化是從李登輝開始，這一算就三十年了。國民黨是從骨子裡被弱化，早些時國民黨一些人還不自知，認為李登輝不至於如此，甚至我的老長官蔣彥士那麼忠黨愛國的人，我們提醒指出李登輝的台獨路線時，蔣還將信將疑，最後變成無奈地說，只要我在他身邊工作一天，我就能阻止他、起碼不能太過分，他的演講稿大家都看過會改。主流非主流政爭時，表面上是對李元簇的副總統任命不滿，骨子裡還是國民黨核心人士認為李在走台獨路線……。

李登輝的做法就是把國民黨從根慢慢的弱化，他也沒有很早暴露此意圖，台獨是他離開國民黨後搞台聯才明顯的，開始叫他台獨教父他也不否認，只要是民進黨重大活動他都參加、跟國民黨完全劃清界線。他以前的做法是關於國民黨的基本政策與主張，透過他選用的人來慢慢改變，取代原來國民黨的菁英，而且很有計畫；我認為在台灣自蔣經國過世後，最大的政治謀略家就是李登輝，哪些人要換、哪些人還可以用，都很會算，他對國民黨的解構是很有一套的。另一方面，

他也暗中幫助培植民進黨，說國民黨一黨獨大不好、為了台灣好，政黨政治需要平衡，他對國民黨的影響少說有二十年，而傷害是空前的。

筆者：關於黨的內造化，還有立法院的漸趨成為政治重心，當年你有提出什麼樣的改革方案嗎？

關中：我當年年紀輕，職位不高也不低，但一直建議國民黨要內造化、柔性化，都未被採納。內造化重點在國會，立委應該多參加黨的決策會議，才能更有力地為黨辯護，國民黨那時一直不太重視國會，你看中常會結構便知道，除了一個立法院長，哪有其他的國會議員當中常委？國民黨的心態是只要掌握行政院就可掌握國會了。

那時國民黨的組織架構實在太龐大了，非精簡不可，在我的黨務革新方案裡都有整併規劃。台灣從中央到地方的縣以下、鄉鎮（區黨部）、村里（區分部），密密麻麻都有國民黨的組織，且區黨部以上全是專職幹部；因此除了重點鄉鎮維持，其他都該大幅整併。還有，黨的小組要虛級化、彈性編組作實際的工作，如一起登山打球、大家交個朋友、互相影響其他人等等都很好，不是養了一些人來收黨費、填報資料，這些都沒有作用、毫無意義。不要做勞而無功，事實上是得不償失的事情，過去國民黨在基層耗費了太多無謂的人力、精力和時間，而不是出去真正跟老百姓接觸、參加活動連絡感情。而且應該比照民間團體，組織要社團化，像青商會、獅子會、扶輪社等，每次開會會員們要出錢、擔任職務還要捐錢，佛教辦活動還人山人海呢，為什麼人家都願意去？黨的效率化必須從學習企業的經營開始，我辦活動常請企業界人士來開講，如何經營客戶、創造利潤、了解市場、區隔市場等，這些都要要研究、學習，推廣下去。

黨的民主化從初選開始，黨的社會化從重視文宣開始，國民黨是從我在市黨部才開始重視文宣，而且越搞聲勢越大。奇怪的是，後來我離開黨職後又不重視了。

筆者：當年如果早做這些應該會讓整個黨面目一新，但現在做這些還來得及、有用嗎？

關中：只要掌握這個精神方向肯做、願意做，永遠不嫌遲。現在國民黨最嚴重的問題是，黨真正沒落了！因為缺乏自己基本的論述，不重視又失去年輕人的支持，任何理想的吸引力也沒有，加入國民黨好像一團死水、沒前途。而且國民黨放棄了過去最有有利的工具，變得不重視訓練，從老蔣總統到經國先生都很重視訓練，到李登輝以後就開始敷衍、可有可無，後來連戰、馬英九時代就更不用談了……

筆者：要訓練什麼？現在還有這人力、財力嗎？

關中：國民黨早期的訓練分三種規格，高階是使領導統御更有效，中層是管理技能和會打選戰，然後是基層的訓練，也就是新黨員的訓練，要讓新黨員知道黨的理念、追求的目標是什麼，不是只拿張證書而已。而且應該每隔一段時間要讓他回鍋一次，來體驗為何與黨一起奮鬥、生死與共的情感，這都要靠訓練。

雖然現在客觀條件大不如昔了，但訓練還是要做，資源少有少的做法，我在國發會時已沒此能力辦大型活動，當時照樣可辦，我就化整為零，帶著兩個負責訓練的幹部，再加一、兩個外聘的講座，連同駕駛，全台各處跑，就搞定了，像謝龍介就是我們那時訓練出來的。我在省黨部時條件好，可以用各種名義天天辦，帶兵如帶心，要讓上下同心協力，要感動他，每次辦訓練不要那麼枯燥，找藝人或小的樂團來一起同樂表演，像營火晚會一樣很快樂，再搭配專題演講，國民黨的很多名嘴都是那時從訓練活動中崛起的。

最要命的是國民黨已經不願、不敢推動任何改革了，現在國民黨弱了、虛了，變得什麼豪情壯志也沒了！不但沒推動改革，而且成為別人眼中的笑話，你看近幾年的中常會結構，這次黨主席改選結果讓年輕人（指江啟臣）出來，非常好，今天國民黨主席別說要有點guts，想要有點顏面好了，這種中常會能看嗎？這些常委在社會上有什麼代表性？有何功能性？又有何號召性？說句不好聽的話，就像丐幫在開會，都是落選的、在大陸做生意的，你明明知道這個現象，馬英九當主席時還很認真聽、做筆記，這不是浪費主席的時間，浪費黨的生命嗎？為什麼不讓中常會真正成為黨的發動機？放任中常會流於這種格局，這就證明黨不敢革新！以前國民黨的中常會是如何莊嚴盛大，有一種居身廟堂之上的尊榮和責任感，現在這算什麼嘛……！

像現在這樣的中常會還不如不要，現在雖沒有執政，沒有政府首長，但起碼要找一些社會上公認的、有能力的、有貢獻的、為黨盡心盡力，現在這個層次……看了現在這種中常會就知道國民黨沒有希望。

理清楚國民黨的代表性、功能性

筆者：對黨主席的角色，曾有人主張要集體領黨？

關中：那是開玩笑、胡說八道，集體智慧可以，集體領導在古今中外都是騙人的，個人領導不成才變集體領導，是為了把你弱化！集體領導等於沒有領導，大家混……

筆者：國民黨如今在野，黨主席更必須在國會全力領軍發揮戰力……

關中：現在一定要這樣，國會是最重要的戰場，所以國民黨一定要內造化，國會裡要有強大的黨團，接下來就是代表性、功能性的表現，最少要有十個以上立委為黨強力辯護、大聲講話，敢於跟民進黨抗爭，都已經是在野黨了還怕什麼，不對就要反對！

筆者：國民黨的一個老問題是一直不團結，民進黨鬥完以後總能一致對外，為什麼國民黨老是暗鬥扯後腿？

關中：團結有兩個要素，一是一定要有理想，如果你這政黨不想執政，這個黨有何意義？黨隨時要準備打仗，下次選舉選什麼要準備、要找人、培養人，黨最重要的是人才。二要有企圖心，國民黨現在就是沒有企圖心，現在這種中常會就代表沒有企圖心，因為人家不相信、不認為你這種中常會對國家社會能做出什麼貢獻。團結靠制度、不靠人，領導人要沒有私心，還有一套好的、清楚的制度供大家遵守。

筆者：歸納來說，你對國民黨的改革建議是什麼？

關中：簡要來說，一是組織精簡，二是明確的理念與號召，三是立法院裡要培養展現戰力，讓社會看得到、聽得到，平常沒表現，選舉就無法爭取選票。四、新的黨主席要有新的觀念與作風，捲起袖子下鄉去地方把過去的感情建立起來，像我在地方上就有很多患難與共的朋友，只要出去跑，怎麼會沒有朋友、沒有力量？

筆者：民進黨不斷對國民黨追討黨產，不僅使國民黨難以維持正常運作，外界還譏諷國民黨沒黨產後就不會選舉了，你怎麼看？

關中：不能這麼簡單看問題，我們過去很多的選舉，贏的不是因為花錢，反而輸的多半是花錢的！黨的結合，現在民主時代不能太剛性，柔性是理念的結合，國民黨以前太重視利益的結合、利益的交換，理念最重要，志同道合的人才會在一起，才能有力量。

筆者：所以你覺得國民黨還有救嗎？

關中：任何人都可以救，黨是個有機體，只要有養分、能運動，如果有病，照醫生講的好好去醫治、調養，怎麼會沒有救？我認為國民黨現在檯面上有些人是很不錯、很有作為的，這都讓我對國民黨仍然抱持希望。

筆者：國民黨的角色與影響力為何日漸模糊？很多人也認為，國民黨對國家方向、政策主張都缺乏有力的論述，你怎麼看？

關中：國民黨在台灣一直陷入一種迷思，李登輝要做台灣建國的精神領袖，馬英九想當族群融合的推動者，這都是違反政黨政治理論的；一個政黨最重要是他的代表性，在民主社會中，政黨只能說他代表民意的一部分，全民政黨是不切實際的，也和現實不符，全世界只有獨裁政黨，才會說他代表全民。所以今天民進黨再強大、再囂張，你國民黨都不能放棄自己的立場，一旦放棄自己的立場，你就是nothing！你就會慢慢被稀釋掉。

現在的民調顯示，自認是台灣人高出中國人的比例，年齡越輕的對兩岸關係越冷漠、對中國的距離越遙遠，所以在此前提下，民進黨是怎麼贏得選舉的？他其實沒有什麼劇本，就只有一套把國民黨打成親中賣台，這是國民黨今天基本的處境與環境。所以今天國民黨是什麼？代表什麼？自己要搞清楚，不要人云亦云。你說九二共識今天在台灣沒市場，那要用什麼來代替？你說台獨對台灣不利、而且做不到，但民進黨卻能有效運用此議題，那你要如何化解？能不能提出一個取代他，既能維護台灣的尊嚴、又能保障台灣的安全，總要提出個說法。如果沒有論述，那你代表誰嘛！

現在很明顯是四十歲以下的選民，國民黨幾乎沒有市場，怎麼彌補這個缺陷？年輕人是追求理想、夢想、希望，要給大家一個希望願景，大家才願意追隨，這是代表性的問題。

第二個是功能性。政黨代表一部分民意主張什麼、反對什麼？自己要很清楚。代表性與功能性是環環相扣的，政黨是有組織的政治性民間社團，你有什麼能力把支持你的人結合起來變成一股力量，而力量可大可小，但一定是推動進步的力量。人們為何對宗教這麼狂熱，還跪著送錢？一是老百姓需要有信仰，二是老百姓認為捐錢給你，不只是供養大和尚，而是認為他可以為大家做好事、普渡眾生，所以黨的領導與幹部要證明你是沒有私心、取得信賴，信仰會產生力量，沒有私心才能產生信賴。政治上的得失、選舉成敗都是一時的，什麼未來會完蛋、結束啦等等這些看衰，還是要看你自己有沒有新的做法。

不幸的是，這些年來，我們的黨始終搞不清楚台灣人民要的是什麼東西。過去威權時代，社會只要相信政府所講的話，所以打經濟牌、安全牌，就會吸引一些人心，但你看看最近的選舉，這些已經沒有吸引力了，老百姓不接受你這說法了……

思想與信仰是絕對不能動搖的，這不是八股，國民黨自己要定位，我是孫中山先生的追隨者，是三民主義的實踐者，而且三民主義不應該被汙名化，是結合資本主義與社會主義的，非常重視均富，以最低所得與最高所得的差距來看，台灣是少數經濟發展而貧富差距沒擴大的國家。

回到政策、政績的論述，你想想台灣剛光復時是怎樣？後來發展到現在又是如何？國民黨的貢獻很大，也應該被肯定的。包括這次疫情我們做得很好，我們的健保制度、疾病管制都發揮了很大的功能，這是我的好友詹啟賢當衛生署長時成立疾管局，把從前的多頭馬車，整合統一指揮，通過傳染病防治法打下的基礎；

健保是在連戰擔任閣揆時，我們在立法院排除醫院、藥商等系統的壓力而奮戰通過的，光就此事，連戰在國家歷史上已經永垂不朽了。

國民黨的這些人與事都可以好好論述宣揚，但連戰就不會推銷自己，我在幫他選舉時跟他說過多次「給你取名健保先生好嗎？」他都謙虛一直沒接受。

保護中華民國、反台獨、堅持民主與和平統一

筆者：現在看得出來，民進黨已經在和國民黨爭奪中華民國的詮釋權，這你怎麼看？

關中：最大的差別在於，國民黨是中華民國真正的保護者，而民進黨是搞台獨還拖著中華民國當保護傘。對此我有三個論述：一、沒有中華民國，就沒有台灣。從光復、建設到保衛、民主化台灣，國民黨的貢獻歷歷在目。二、沒有中華民國，就沒有和平，這是兩岸最大的公約數，只要保留中華民國這塊招牌，就沒有自外於中華民族，中共就師出無名不會動武。三、沒有中華民國，就沒有民主，讓民進黨這樣胡作非為、一黨獨大下去，台灣還有明天嗎？這三句話就這麼簡單清楚，不必拐彎抹角。

今天兩岸政策追求的是和平，必須把保衛中華民國當底線，第二是要民主，兩岸雖然制度不同，但必須以民主程序來追求和解，最後是以和平民主方式來建立共

識。

對於統獨問題，像不統、不獨、不武那樣講得四平八穩，只是混吃等死、拖時間嘛！站在中國國民黨的立場，怎麼能不講統？不然跟台獨有何兩樣？但我的統是中國的統，不是中國大陸的統，以中國歷史文化走向與世界潮流來看，將來大陸與台灣一定會變成一個大中國，不管是什麼形式，邦聯、聯邦或一國兩制。所以國民黨首先是反台獨，因為台獨做不到、還會害死台灣，逼中共非打台灣不可，而且有多少國家會支持你台獨？

我主張的是：

- 統一必須以和平民主方式進行，尊重台灣民意，公投當然是可行途徑。
- 堅決反對以武力統一台灣，如果武統就沒有真正的統一。
- 台灣制定反併吞法，在任何情況下台灣不准被併吞。

筆者：現在比你當年那時候已過了兩代了，從黨外到民進黨，當權執政也四次了，你怎麼看民進黨的變與不變？還有台灣政治生態的演變？

關中：往好的方面看，台灣早已走出過去那種悲情時代，透過黨外早期為理想而奮鬥人士的成就，得到了發洩與補償，這對台灣人心的穩定是好處，所以現在選舉再激烈，選後第二天就恢復平靜，失敗者不會去吵鬧抗爭，這是台灣民主很大的進步。第二、今後選舉我相信主要會是議題取向，針對台灣當前面對的問題、人民的關心，看看哪個政黨能提出人民比較能接受的主張路線，這是值得努力的方向。

在人的方面，的確是世代交替，國民黨有年輕化了，但民進黨還要更年輕。今後選舉最重要的，是大家對國際局勢變化的認識太少，像美國現在中東打仗、美國總統大選討論的議題，這些對台灣有何影響？台灣媒體報導的太少，台灣人對國際問題的了解太淺薄了……台灣並不缺這方面的專家學者，但發言的管道有限、版面也有限……

我們現在從台灣看世界，必須透過美國這管道、這鏡子，但你看看美國將來如何和中國相處，就知道台灣以後如何找到安身立命的方向。台灣不可能不依賴美國，就像阿扁當年說不抱美國大腿行嗎？這是事實。但國際局勢在變化，中國已非過去的中國，美國報刊天天都在講中國問題，台灣的問題，關鍵在美國與中國關係的演變，不要單獨看大陸對我們如何，要看美中兩國的變化；我認為台灣對此不要盲目的一廂情願，台灣現在都是帶著有色眼鏡看大陸，應該從這方面多下工夫才能真正抓到重點。

附錄

年表大事紀

1940年 出生於中國大陸天津市

1949年 隨父母舉家遷到台灣，就讀台中空軍子弟小學四年級

1952年 就讀台北縣新店文山初中

1955年 就讀台北市建國高中

1959年 就讀國立政治大學外交系

1963年 政大畢業，服憲兵少尉預官役

1966年 外交特考及格，進入外交部，任國際組織司薦任科員

1969年 取得美國塔夫茲大學佛萊契爾國際學院外交與法律碩士
回台任教，任政大東亞所講師、國關中心助理研究員

1970年 任政大國關中心資料組長
與張惠君女士結婚

1973年 取得美國塔夫茲大學佛萊契爾國際關係學院國際關係博士學位
回台任教，任政大東亞所副教授、台大政治系兼任副教授

1976年 參加革命實踐研究院國家建設研究班第一期（2月）
任「亞洲與世界社」執行長（5月）

1977年　出任國民黨中委會青年工作會副主任

中壢事件（11月19日）

1978年　蔣經國首度就任總統（5月20日）

中華民國與美國斷交（12月16日）

1979年　調任國民黨中央政策會副祕書長

王昇成立劉少康辦公室（1月）

美麗島事件（12月10日）

1980年　林義雄家血案（2月28日）

美麗島案軍法大審（3月18日∼3月27日）

1981年　調任國民黨台北市黨部主委

陳文成命案（5月20日）

1983年　蔣經國下令裁撤劉少康辦公室（5月），外放王昇駐巴拉圭大使（10月）

立法委員選舉，關中在台北市創下「七喜」佳績（12月3日）

1984年　調任國民黨台灣省黨部主委

江南命案（10月15日）
蔣經國續任總統

1985年
十信案爆發（2月）
《明天會更好》歌曲問世
縣市長、省議員選舉（11月16日）在二十一席縣市長中，國民黨囊括十七席，黨外取得四席

1986年
黨外人士宣布成立民主進步黨（9月28日）
立法委員選舉，民進黨在區域立委五十一席中，攻下十一席（12月16日）

1987年
監察委員選舉（1月）
出任行政院青年輔導委員會主委（4月29日～11月27日）
解除戒嚴（7月15日）
升任國民黨中委會組織工作會主任（11月）

1988年
蔣經國逝世（1月13日），李登輝繼任總統
國民黨召開第十三次全國代表大會，正式推舉李登輝為黨主席，中央委員結構、排名大洗牌（7月）

任國民黨中委會副祕書長，仍兼任組織工作會主任（7月）

1989年

李煥轉任行政院長，宋楚瑜接任黨祕書長（6月）

大陸天安門六四事件（6月4日）

縣市長選舉，民進黨攻下六個縣、無黨籍取得一個市，國民黨守住十四個縣市

1990年

國民黨召開臨時中全會，李登輝提名李元簇為副總統，主流與非主流，二月政爭正式引爆（2月）

非主流派在國民大會推出「林（洋港）、蔣（緯國）配」，後遭勸退（2月～3月）

野百合學運（3月）

李煥下台，李登輝提名郝柏村為行政院長（6月1日）

兼任中廣公司董事長（7月）

創辦民主基金會（11月12日）

1992年

當選第二屆立法委員（12月19日），國會全面改選，「新國民黨連線」一舉當選七名立委

1993年

連戰接任閣揆（2月27日）

任國民黨黨營事業裕台公司董事長

	新黨成立（8月10日）
1994年	轉任考試院銓敘部長（9月1日）
1996年	出任考試院副院長 首次總統直接選舉，李登輝當選總統
2000年	因陳水扁當選總統，主動辭去有任期保障的考試院副院長
2001年	任國民黨智庫內政組召集人
2001年	任國民黨國家發展研究院院長（2001～2005）
2005年	任國民黨副主席（2005～2008）
2008年	出任考試院院長
2014年	自考試院院長退休

人與土地 26

明天會更好：關中傳奇

作　者—張景為
口　述—關　中
圖片提供—關　中
編　輯—陳萱宇
副主編—謝翠鈺
封面設計—戰國策傳播集團
美術編輯—菩薩蠻數位文化有限公司

董事長—趙政岷
出版者—時報文化出版企業股份有限公司
108019台北市和平西路三段二四〇號七樓
發行專線—（〇二）二三〇六六八四二
讀者服務專線—〇八〇〇二三一七〇五
（〇二）二三〇四七一〇三
讀者服務傳真—（〇二）二三〇四六八五八
郵撥—一九三四四七二四時報文化出版公司
信箱—一〇八九九台北華江橋郵局第九九信箱
時報悅讀網—http://www.readingtimes.com.tw
法律顧問—理律法律事務所　陳長文律師、李念祖律師
印　刷—綋億印刷有限公司
初版一刷—二〇二〇年十一月二十日
初版四刷—二〇二一年一月二十二日
定　價—新台幣三八〇元

時報文化出版公司成立於一九七五年，
並於一九九九年股票上櫃公開發行，於二〇〇八年脫離中時集團非屬旺中，
以「尊重智慧與創意的文化事業」為信念。

明天會更好：關中傳奇/關中口述；張景為著. -- 初版. --
臺北市：時報文化出版企業股份有限公司, 2020.11
面；　公分. -- (人與土地；26)
ISBN 978-957-13-8458-0(平裝)

1.關中 2.臺灣傳記 3.臺灣政治

783.3886　　109017752

ISBN 978-957-13-8458-0
Printed in Taiwan